国家出版基金项目
NATIONAL PUBLICATION FOUNDATION

"十四五"国家重点图书出版规划项目

中国语言文化典藏系列　组委会

主　任

田学军

执行主任

田立新

成　员

宋　全　杨　芳　刘　利　郭广生　顾　青
张浩明　周晓梅　刘　宏　王　锋　余桂林

中国语言资源保护工程

中国语言文化典藏系列　编委会

主　编

曹志耘　王莉宁　李锦芳

委员（音序）

郭　浩　何　瑛　黄成龙　黄拾全　李云兵
刘晓海　苗东霞　沈丹萍　王　锋　严修鸿
杨慧君　周国炎　朱俊玄

曹志耘 王莉宁 李锦芳 主编

中国语言文化典藏·新源哈萨克语

张定京 吴迪 叶里肯不拉·叶力努 著

商务印书馆
The Commercial Press

序

　　随着现代化、城镇化的快速发展，我国的语言方言正在迅速发生变化，而与地域文化相关的语言方言现象可能是其中变化最剧烈的一部分。也许我们还会用方言说"你、我、他"，但已无法说出婚丧嫁娶各个环节的方言名称了。也许我们还会用方言数数，但已说不全"一胭穷，两胭富……"这几句俗语了。至于那些世代相传的山歌、引人入胜的民间故事，更是早已从人们的生活中销声匿迹。而它们无疑是语言方言的重要成分，更是地域文化的精华。遗憾的是，长期以来，我们习惯于拿着字表、词表去调查方言，习惯于编同音字汇、编方言词典，而那些丰富生动的方言文化现象往往被忽略了。

　　2017年，中共中央办公厅、国务院办公厅《关于实施中华优秀传统文化传承发展工程的意见》首次提出"保护传承方言文化"。2020年，国务院办公厅《关于全面加强新时代语言文字工作的意见》明确提出"科学保护方言和少数民族语言文字"。语言方言及其文化的保护传承写进党和政府的重要文件，具有重要的历史意义。党中央、国务院的号召无疑是今后一个时期内，我国语言文字工作领域和语言学界、方言学界的重要使命，需要我们严肃对待，认真落实。

　　中国语言资源保护工程于2015年启动，已于2019年顺利完成第一期建设任务。针对我国传统语言方言文化现象快速消失的严峻形势，语保工程专门设了102个语言文化调查点（包括25个少数民族语言文化点和77个汉语方言文化点），按照统一规范对语言方言文化现象开展实地调查和音像摄录工作。

　　为了顺利开展这项工作，我们专门编写出版了《中国方言文化典藏调查手册》（商务印书馆，2015年）。手册制定了调查、语料整理、图册编写、音像加工、资料提交各个阶段的工作规范；并编写了专用调查表，具体分为9个大类：房屋建筑、日常用具、服饰、饮食、农工百艺、日常活动、婚育丧葬、节日、说唱表演，共800多个调查条目。

调查方法采用文字和音标记录、录音、摄像、照相等多种手段。除了传统的记音方法以外，还采用先进的录音设备和录音软件，对所有调查条目的说法进行录音。采用高清摄像机，与录音同步进行摄像；此外，对部分语言方言文化现象本身（例如婚礼、丧礼、春节、元宵节、民歌、曲艺、戏剧等）进行摄像。采用高像素专业相机，对所有调查条目的实物或活动进行拍照。

这项开创性的调查工作获得了大量前所未有的第一手材料。为了更好地保存利用这批珍贵材料，推出语保工程标志性成果，在教育部语言文字信息管理司的领导下，在商务印书馆的鼎力支持下，在各位作者、编委、主编、编辑和设计人员的共同努力下，我们组织编写了《中国语言文化典藏》系列丛书。经过多年的努力，现已完成50卷典藏书稿，其中少数民族语言文化典藏13卷，汉语方言文化典藏37卷。丛书以调查点为单位，以调查条目为纲，收录语言方言文化图片及其名称、读音、解说，以图带文，一图一文，图文并茂，EP同步。每卷收图600幅左右。

我们所说的"方言文化"是指用特殊方言形式表达的具有地方特色的文化现象，包括地方名物、民俗活动、口彩禁忌、俗语谚语、民间文艺等。"方言文化"是一个新的研究领域，需使用的调查、整理、加工方法对于我们当中很多人来说都是陌生的，要编写的图册亦无先例可循。这项工作的挑战性可想而知。

在此，我要向每一个课题的负责人和所有成员道一声感谢。为了完成调查工作，大家不畏赤日之炎、寒风之凛，肩负各种器材，奔走于城乡郊野、大街小巷，记录即将消逝的乡音，捡拾散落的文化碎片。有时为了寻找一个旧凉亭，翻山越岭几十里路；有时为了拍摄丧葬场面，与送葬亲友一同跪拜；有人因山路湿滑而摔断肋骨，住院数月；有人因贵重设备被盗而失声痛哭……。在面临各种困难的情况下，大家能够为了一个共同的使命，放下个人手头的事情，不辞辛劳，不计报酬，去做一项公益性的事业，不能不让人为之感动。

然而，眼前的道路依然崎岖而漫长。传统语言方言文化现象正在大面积地快速消逝，我们在和时间赛跑，而结果必然是时间获胜。但这不是放弃的理由。著名人类学家弗雷泽说过："一切理论都是暂时的，唯有事实的总汇才具有永久的价值。"谨与大家共勉。

曹志耘

2022年4月13日

目录

序

引　言　　　　　　　　1
　一　新源　　　　　　2
　二　新源哈萨克语　　4
　三　凡例　　　　　　10

壹·房屋建筑　　　　　15
　一　住宅　　　　　　18
　二　其他建筑　　　　50
　三　建筑活动　　　　58

贰·日常用具　　　　　63
　一　炊具　　　　　　66
　二　卧具　　　　　　90
　三　桌椅板凳　　　　100
　四　其他用具　　　　104

叁·服饰　　　　　　　113
　一　衣裤　　　　　　116
　二　鞋帽　　　　　　128
　三　首饰等　　　　　137

肆·饮食　　　　　　　139
　一　主食　　　　　　142
　二　副食　　　　　　146
　三　菜肴　　　　　　158

伍·农工百艺　　　　　161
　一　农事　　　　　　164
　二　农具　　　　　　169
　三　手工艺　　　　　178
　四　商业　　　　　　204
　五　其他行业　　　　206

陆·日常活动   215
    一 起居   218
    二 娱乐   224
    三 信奉   238

柒·婚育丧葬   241
    一 婚事   244
    二 生育   259
    三 丧葬   265

捌·节日   271
    一 纳吾鲁孜节   274
    二 开斋节   276
    三 古尔邦节   277
    四 其他节日   281

玖·说唱表演   283
    一 口彩禁忌   284
    二 俗语谚语   286
    三 歌谣   289
    四 戏曲   294
    五 故事   300

调查手记   313

参考文献   320

索 引   321

后 记   330

引言

一 新源

民国三十五年（1946年），原新疆新源设治局置县治，始有新源县。其哈萨克语名称为"巩乃斯"，意为"向阳"。新源县气候湿润，植被茂密，水系丰富，巩乃斯河贯穿全境，由于地处上游，得名"新源"，取"故土新县，源远流长"之意。

先秦时期为塞种人之地。西汉、东汉至魏晋属乌孙国。南北朝时为悦般人领地。隋朝为西突厥属国石汗那国国土，唐朝时属昆陵都护府，宋辽时期属喀喇汗王朝，元属察合台汗国，明时为卫拉特游牧地。清朝平定准噶尔与大小和卓叛乱后，划为厄鲁特营下五旗游牧地。光绪十四年（1888年），属宁远县管辖。民国十九年（1930年）为巩留县东郊牧地，民国二十八年（1939年），置恰克满设治局，民国三十一年（1942年），改为新源设治局。

新源县人民政府于1950年5月成立。1956年尼勒克县所辖的则克台区（时为第四区）划归新源县管辖。2001年，撤销伊犁地区，划新源县为伊犁哈萨克自治州直属。同年撤销国营农牧场，新建肖尔布拉克镇。至2014年阿勒玛勒撤乡建镇后，新源县共辖有11个乡镇，分别是：新源镇、则克台镇、阿热勒托别镇、塔勒德镇、那拉提镇、肖尔布拉克镇、喀拉布拉镇、阿勒玛勒镇、坎苏镇、别斯托别乡、吐尔根乡。

新源地处新疆西北，天山中脉北麓，巩乃斯河上游，伊犁河谷东端。介于北纬43°01′—43°40′、东经82°28′—84°57′之间。全县总面积约为7581平方千米，县域呈东西走向，中部宽、两端窄，东西跨度约191千米。北部阿布热勒山、安迪尔山与尼勒克县接壤；东、南以阿克仁沟、那拉提山与和静县毗邻；西、南以特克斯河、大吉尔尕朗河为界与巩留县隔水相望。

境内地势东高西低，北、东、南三面高山环绕，中、西部地势平坦，地貌以平原、丘陵、山地为主，其中位于那拉提山北坡的亚高山草甸植物区——那拉提草原，不仅是世界四大草原之一，也是世界上哈萨克人口最多的草原。新源县降雨量较多，水资源丰富，域内有巩乃斯河、恰甫河、特克斯河、大吉尔尕朗河等多条自东向西流淌的河流。

全县总人口约 31.6 万人，少数民族人口约 20.29 万人，其中哈萨克族人口约 14.42 万人，约占中国哈萨克族总人口的十分之一，是我国哈萨克族人口聚居最为密集的区域。

自古以来，各民族人民聚居于此，多元共存、和谐共生，为中华民族的形成和发展谱写了一首波澜壮阔的诗篇。新源哈萨克族人民在千百年的畜牧业生产、生活中创造了独特的游牧文化，其历史悠久、底蕴深厚、富有特色，在中国哈萨克文化中独树一帜，具有典型性和代表性。

二 新源哈萨克语

（一）概述

哈萨克语是哈萨克人共同使用的语言，属阿尔泰语系突厥语族克普恰克语组，是一种黏着语。哈萨克族是一个跨境民族，主要居住在哈萨克斯坦和中国。中国境内的哈萨克族人口总数约为160万，集中分布在新疆伊犁哈萨克自治州的伊犁、塔城和阿勒泰三个地区，此外，在新疆博尔塔拉蒙古自治州、乌鲁木齐市、木垒哈萨克自治县、巴里坤哈萨克自治县以及甘肃省阿克塞哈萨克族自治县、青海省海西地区也有少量分布。我国著名突厥语学家耿世民先生在《试论中国哈萨克语方言的划分》一文中，将哈萨克语划分为东北和西南两个基本方言。东北方言分布广泛，而西南方言则主要集中在除新源和尼勒克两县之外的伊犁直属县域。哈萨克语的方言划分与哈萨克族的部落关系紧密，[alban]"阿勒班"和 [suwan]"苏万"两个部落属西南方言，而以 [qhʁzaj]"克宰"部落人口居多的新源哈萨克人所使用的语言则属东北方言。两种方言虽然呈现出一定的差异，但从整体来看差别并不大，各地的哈萨克人可以毫无障碍地相互沟通与交流。

在语音方面，哈萨克语共有33个音位，分为9个元音音位和24个辅音音位。在辅音音位中，/f/、/v/、/tʃ/、/χ/、/h/ 五个音位是伴随俄语、阿拉伯语或波斯语借词而进入哈萨克语的外来音位，只用来拼写少数外来词。新源哈萨克语同西南方言在语音方面主要有4点不同：

1. 新源哈萨克语中作为词汇第二音节起首辅音的 /d/ 音位在西南方言中变为 /l/ 音位。如 [maŋdaj]"额头"在西南方言中为 [maŋlaj]。

2. 在新源哈萨克语中作为词汇起首辅音的 /t/ 音位在某些西南方言词汇中变为 /d/ 音位。如 [theŋiz]"海洋"在西南方言中为 [deŋiz]。

3. 在西南方言中，当指示代词 [ol]"那"、[bul]"这"与 [dʒaq]"方面"组合时，其后的 /l/ 音位脱落后，[dʒaq] 的起首辅音 /dʒ/ 音变为 /j/，如 [bujaq]"这边"。

4. 在西南方言中，部分以 /l/ 音位结尾的动词构成过去时形动词时 /l/ 音位脱落。如 [qhaʁan]"留下的"。

在语法方面，哈萨克语虽是一种黏着语，但具有"综合－分析"性语言的特点，主要通过形态变化、语序、虚词、语调和重叠五种语法手段表达语法意义。丰富的形态变化是哈萨克语表义的一大特点，众多的数、格、人称、级、时、体、态和式等构形附加成分通过依次缀接于词干之后来表达相应的语法意义。语序结构为"主语－宾语－谓语"。哈萨克语的语法结构十分稳定，东北方言与西南方言的语法结构基本相同。

在词汇方面，除由单纯词通过派生、复合、重叠等手段构成新词外，在漫长的历史发展过程中，哈萨克语还接受了来自俄语、阿拉伯－波斯语和汉语的借词。

在书写方面，中国哈萨克族使用以阿拉伯字母为基础的哈萨克文进行书写。20 世纪 50 年代末 60 年代初，我国在进行大规模的文字改革时，曾先后推行西里尔文字母哈萨克文及拉丁文字母哈萨克文，但分别于 1959 年和 1982 年被废止，1982 年恢复使用基于阿拉伯文字母的哈萨克老文字。

（二）元音和辅音

新源哈萨克语共有 33 个音位，包括 9 个元音音位，24 个辅音音位。

1. 元音（9 个）

（1）/ɑ/ 音位：发音部位整体靠后，主要有 [a]、[ʌ]、[ɑ]、[ɐ] 四个变体，在 [dʒɛj] "情况" 等少量词汇实际发音时，有 [ɛ] 变体。

（2）/æ/ 音位：实际发音部位靠后，比维吾尔语的 /ɛ/ 位置更低。

（3）/e/ 音位：实际发音部位靠下，接近于央元音；之前有一个增音 [ɨ]，实际发音比较接近复合元音 [ɨɛ]。

（4）/ɤ/ 音位：有 [ɤ]、[ə] 两个变体，如 [qhɤlɤq] "行为"、[dəbəs] "声音"；[ɤ] 变体的发音部位靠前，介于"后"与"央"之间。

（5）/i/ 音位：发音部位略低，接近半高；比较靠后，接近"央"的位置。

（6）/o/ 音位：发音部位稍靠前，介于"后"与"央"之间，稍靠下，接近"中"；之前有一个增音 [ɯ]，实际发音接近 [ɯɔ]。

（7）/u/ 音位：发音部位稍低稍前，实际发音接近靠前的 [ʊ]。

（8）/ø/ 音位：发音部位靠后，接近"央"，靠下，基本是"中"；其前有一增音 [ʏ]，实际发音接近 [ʏɵ]。

（9）/y/ 音位：部位靠下靠后，接近"半高""央"。

元音例词：

（1）/ɑ/ 音位　[ɑjrɑn]"酸奶"｜[phɑnɑr]"马灯"｜[phɤjmɑ]"毡筒"

（2）/æ/ 音位　[æpkhiʃ]"扁担"｜[mæsi]"皮袜子"

（3）/e/ 音位　[egew]"锉刀"｜[thekhemet]"床毡"｜[øre]"奶疙瘩晾架"

（4）/ɤ/ 音位　[ɤŋɤrʃɑq]"牛鞍"｜[qhordʒɤn]"褡裢"｜[ʃɑlɤ]"扇镰"

（5）/ɨ/ 音位　[ɨlgiʃ]"坠子"｜[zæmbɨl]"抬把子"｜[syrgɨ]"刨子"

（6）/o/ 音位　[oqʃɑnthɑj]"子弹袋"｜[ʃot]"锛斧"｜[phɑltho]"棉大衣"

（7）/u/ 音位　[usthɑrɑ]"剃刀"｜[qhurt]"酸奶疙瘩"

（8）/ø/ 音位　[ømɨldɨrɨk]"马攀胸"｜[khøjlek]"连衣裙"

（9）/y/ 音位　[ykhɨ]"鹗羽"｜[thyjrewɨʃ]"头巾箍饰"

2. 辅音（24个）

（1）/tʃ/ 音位：舌叶清送气塞擦音，只在拼写少数几个外来词时使用。

（2）/χ/ 音位：小舌清擦音，是随阿拉伯－波斯语借词进入哈萨克语的音位，在口语中极易与 /q/ 音位混淆，如，把 [χalɤq] "人民" 说成 [qhalɤq] 等。

（3）/h/ 音位：声门清擦音，只在数个阿拉伯－波斯语借词中出现，如 [qhaharman] "英雄"、[gawhar] "精华" 等，且易与小舌清擦音 /χ/ 混淆。

辅音例词：

（1）/b/ 音位　[bormɤj] "玉米" ｜ [sabaw] "弹毛棍"

（2）/ph/ 音位　[phɤlɤjtha] "炉圈" ｜ [laphas] "棚子" ｜ [thulɤp] "皮囊"

（3）/m/ 音位　[mor] "热炭" ｜ [khijmeʃek] "套头巾" ｜ [badam] "巴旦木"

（4）/f/ 音位　[ʃkhaf] "衣柜"

（5）/v/ 音位　[vagon] "车厢" ｜ [avangart] "先锋"

（6）/s/ 音位　[sɤbɤzʁɤ] "竖笛" ｜ [baqsɤ] "男巫" ｜ [khebis] "皮套鞋"

（7）/z/ 音位　[zaqphɤ] "投石索" ｜ [qhazɤ] "熏马肠" ｜ [qhɤmɤz] "马奶酒"

（8）/d/ 音位　[duwlɤʁa] "兜鍪" ｜ [sadaq] "弓" ｜ [ʃokholad] "巧克力"

（9）/th/ 音位　[thonar] "馕坑" ｜ [thutqhɤʃ] "锅耳垫" ｜ [dʒent] "饯特"

（10）/n/ 音位　[nan] "馕" ｜ [thegene] "盆" ｜ [narɤn] "纳仁"

（11）/r/ 音位　[qhabɤrʁa] "墙壁" ｜ [sɤrmaq] "补花毡"

（12）/l/ 音位　[lajʃɤ] "泥瓦工" ｜ [phalaw] "抓饭" ｜ [zal] "廊厅"

（13）/dʒ/ 音位　[dʒethigen] "七弦琴" ｜ [oldʒa] "猎物"

（14）/tʃh/ 音位　[tʃhemodan] "手提箱" ｜ [ɤjatʃhajka] "支部"

（15）/ʃ/ 音位　[ʃana] "爬犁" ｜ [khøʃiw] "转场" ｜ [ʃɤlawɤʃ] "盖巾"

（16）/g/ 音位　[garmon khøjlek] "百褶裙" ｜ [thizgin] "缰绳"

（17）/kh/ 音位　[khyldik] "灰堆" ｜ [bækhi] "小刀" ｜ [phisphek] "捣棍"

（18）/ŋ/ 音位　[saŋzɤ]"傻子" | [aŋ]"野兽"

（19）/qh/ 音位　[qhamʃɤ]"马鞭" | [qhɤsqaʃ]"火钳" | [uwɤq]"曲橼"

（20）/χ/ 音位　[χalɤq]"人民" | [aχwal]"情况" | [thærijχ]"历史"

（21）/ʁ/ 音位　[ʁɤlɤm]"科学" | [suwaʁar]"檐沟"

（22）/h/ 音位　[qhaharman]"英雄" | [yh]"哎哟"

（23）/w/ 音位　[waqhɤt]"时间" | [sawmal]"鲜马奶" | [iɲigiɾiw]"刮刀"

（24）/j/ 音位　[jadro]"核子" | [dʒaja]"马颈肉" | [ʃij]"苈苈草（席）"

三 凡例

（一）记音依据

本书哈萨克语记音以新源县中老年人使用的哈萨克语口语为准。主要发音人叶尔克巴依·卡比江先生，1959年出生在新源县则克台镇，从未长时间离开此地，大专文化，事业单位退休，曾任新源县人大专职常务委员。

（二）图片来源

本书收录新源哈萨克语文化图片500余幅。图片拍摄者主要为张定京、吴迪，部分图片由叶里肯不拉·叶力努、郭昊、江力汗·金恩斯、梁琛、陈开雯、周文琴提供。

（三）内容分类

本书所收新源哈萨克语文化条目按内容分为9大类33小类：

（1）房屋建筑：住宅、其他建筑、建筑活动

（2）日常用具：炊具、卧具、桌椅板凳、其他用具

（3）服饰：衣裤、鞋帽、首饰等

（4）饮食：主食、副食、菜肴

（5）农工百艺：农事、农具、手工艺、商业、其他行业

（6）日常活动：起居、娱乐、信奉

（7）婚育丧葬：婚育、生育、丧葬

（8）节日：纳吾鲁孜节、开斋节、古尔邦节、其他节日

（9）说唱表演：口彩禁忌、俗语谚语、歌谣、戏曲、故事

（四）体例

（1）每个大类开头先用一段短文对本类语言文化现象做一个概括性的介绍。

（2）每个条目均包括图片、民族语词、正文三部分，"说唱表演"不收录图片。

（3）各图单独、连续编号，例如"1-1"，短横前面的数字表示大类，短横后面的数字是该大类内部图片的顺序号。图号后面注拍摄地点。图号和地名之间用"◆"隔开，例如"1-1◆塔勒德"。

（4）在图下写该图的哈萨克语文字、国际音标及其汉译。如是一图多词，各词之间用"｜"隔开，例如：[khijmeʃek]"套头巾"｜[ʃɹlawɹʃ]"盖巾"。

（5）正文中出现的民族语词用引号标出，并在一节里首次出现时标注国际音标。

壹・房屋建筑

　　新源哈萨克人千百年来以游牧为生，四季迁徙，逐水草而居。生于草原，放牧牛马，老于毡房，是传统游牧民的生动写照。毡房形似穹庐，以木架为梁、毛毡做墙，拆建方便、易于运输，深受游牧民的喜爱。哈萨克族居住毡房的历史悠久，汉元狩年间，细君公主远嫁乌孙王时所作《悲秋歌》："穹庐为室兮旃为墙，以肉为食兮酪为浆"中的"穹庐"即指毡房。除普通的传统毡房外，哈萨克人在游牧中为适应不同的生活环境，还创造了三角窝棚房、乌梁海式毡房、拱顶三角毡房、尖顶毡房、泥土毡房、铁架毡房和宫帐等多种毡房。在政府实施牧民定居工程之前，哈萨克人流转于四季牧场，从事牧业生产，毡房是新源哈萨克族最主要的传统居所。

　　自 20 世纪 80 年代自治区实施牧民定居工程后，哈萨克牧民逐渐聚居乡镇，开始安居生活。生活方式的改变，也引起了房屋建筑的变化。人们开始兴建固定民居、商铺、作坊、清真寺等以满足生活的需要。主要的民居由过去的毡房变为平房，院落宽阔，四周建有围墙。传统的平房多由砖和土坯建成，一座平房的居室少则两间，多则六七间，居室大多并行排列。房屋居室前方用精美雕刻的木柱和横梁搭建前出

厦，形成一个可供人乘凉避雨的走廊，建筑风格朴实自然。正房旁边大多建有简易畜棚，圈养牛羊，内设长方形食槽。建筑材料都是就地取材，较常见的建筑样式为干打垒，人们用河滩圆石奠基，挖掘黏土，混合草根制成泥坯，然后在房基上搭建宽长的中空木夹板，将泥坯浇筑其中，再用大力夯砸，建成墙壁，最后以木板、草席、砖块、茅草混合草泥封盖房顶。随着时代的进步，这种房屋已多为砖房所取代，房屋样式和格局也发生了变化，受俄式建筑风格的影响，新建的民居多以砖砌彩顶房为主，房屋整体呈封闭的正方形，屋顶以彩钢瓦包顶，堂屋、里屋、卧室以及走廊均设于房内，屋内各室相通，只有一个正门做出口。如今，这种建筑样式的房屋已成为新源哈萨克村落民居建筑的主流。

　　由于从游牧转向定居的历史并不长，新源哈萨克人的现代建筑风格较为统一，建筑样式并不复杂。因为畜牧业较为发达，与畜牧业相关的牛羊肉店、羊毛加工坊、手工艺作坊较为常见，而与农业生活有关的碓坊等则罕见。

一住宅

1-1 ◆ 塔勒德

جەرۇٔي [dʒer yj] "平房"

新源哈萨克牧民定居后的传统民居建筑。多是坐北朝南的单体平顶房，由砖块、泥坯、木板建成，以一层、一进房为主，一进2—6间不等，居室大多并行排列。正屋居中朝南，左右两端房间前凸，房门相向而立。房基高于地面约四五十厘米，砖石垒砌台阶、石台，房前由木梁搭建前出厦，以左右对称分列的雕花木柱支撑，形成半开放式、遮阳避雨的走廊。房屋四周的砖柱上也雕刻有哈萨克图案，建筑风格古朴自然。

1-2 ◆坎苏

تام ٴوي [tham yj] "干打垒房"

20世纪80年代常见的房屋样式。用河滩圆石或砖块奠基,高于地面约30—50厘米。挖掘黏土,混合草根制成泥坯,然后在房基上搭建宽长的中空木夹板,将泥坯放入其中,再用力夯砸,建成墙壁,最后以木板、砖块、茅草混合草泥封盖房顶。门、窗为木质结构,这种房屋具有建造成本低、结构简单、冬暖夏凉的特点。

اعاش ٴوي [ɑʁɑʃ yj] "木房"

哈萨克[qhɤstaw]"冬窝子冬季定居点"的传统建筑。墙壁和屋顶选用直径约10—15厘米的上好松木建造,具有良好的保温隔热功能,这种房屋冬暖夏凉,适宜居住。建造时首先用夯木砸实基址,以砖、石奠基,然后将圆木凿刻成榫卯结构,依次向上搭建四面墙壁,将房梁横木安装至墙壁顶端圆木的凹槽中,在其上纵向铺设大块木板,最后以草泥或水泥涂抹、填补墙壁横木与房顶木板之间的缝隙。木房有平顶和两面坡顶之分。

1-3 ◆坎苏

1-4 ◆坎苏

ئۇي بەلى توبەلى قاڭىلتىر [qhaŋɤlthɤr thøbeli yj] "彩钢瓦顶房"

随着人们生活日益富足，如今在新源农村中，建造外观华美、大方实用的"彩钢瓦顶房"已经成为一种潮流。这种民居建筑主体为砖木结构，使用红、蓝或青绿色的铁皮彩钢包裹房顶，呈四面坡形，正脊前部安装有小阁楼造型的换气孔。屋檐处设有排水凹槽，通过排水管与地面连接。房檐、窗户、屋角四周镶嵌立体花纹。正门位于房子前部正中，向前凸出约一米见方，内设走廊，屋内居室分列两侧。

1-5 ◆塔亚苏

قابات ٴۇي [qhabat yj] "**楼房**"

新源哈萨克式楼房多为以发展旅游、吸引游客为目的而建造的景观或公共场所，民居中极为少见。通常为两层，以红、蓝或青绿色铁皮彩钢瓦覆盖楼顶，砖柱处饰有哈萨克花纹，建筑风格端庄素雅，富有民族特色。

1-6 ◆阿勒玛勒

كيىگىز ٴوي [khijgiz yj] "毡房"

最富有哈萨克族民族特色的传统建筑。形似穹庐，木架为梁、毛毡做墙，拆建方便、易于运输，是哈萨克族游牧生活中最主要的生活场所。毡房主要由天窗、曲橼、格栅、芨芨草席、主带、包毡、围毡、顶毡、毡卷门等部分构成，普通毡房一般高三米，占地二三十平方米，由四扇格栅、六十五杆曲橼构成。其内部骨架为木质结构，以皮绳、毛绳、绑带连接，框架之上覆盖大块白色毛毡，外部饰有哈萨克花纹。毡房端庄素雅，精巧别致，具有避雨防寒、空气流通、光线充足等优点。多建于草原的河流侧畔高岸处，高山流水，绿草青松，毡房错落，点缀其中，构成一幅美丽的风景画卷，充分体现了哈萨克族的建筑智慧与审美艺术。

1-7 ◆坎苏

تەمىر ئۆي [themir yj] "铁架毡房"

用铁架搭建的帐篷，其外形与毡房相同。铁架毡房使用竖直的铁架代替了结构复杂的毡房木格栅，铁架之间以螺钉相连，曲椽、天窗等也均由铁质材料制成，框架之外覆盖饰有哈萨克花纹的帆布，主体处加设窗户。铁架毡房虽不及传统毡房美观，但其具有构造简单、成本低廉、拆建快捷、便于运输的优点。

كىيگىز ئۆيدىڭ قاڭقاسى [khijgiz yjdiŋ qhaŋqhasɤ] "毡房框架"

内部支撑性部件已搭建完成，但是外部没有覆盖围毡的毡房骨架。褪去围毡、裸露在外的毡房骨架意味着转场迁徙的开始，牧民们要经过长途跋涉、克服重重考验，寻找新的草场。

1-8 ◆那拉提

1-9 ● 那拉提

شاڭىراق [ʃaŋɣraq] "顶圈架"

构成天窗的圆形框架，位于毡房顶端，是毡房采光和空气流通的主要建筑部件。圈框选用粗壮优质的草原红柳木为原材料，制作时首先将木料置于沤坑中数日使其软化，然后以火烘烤，煣制成规则的圆形。顶圈架上方垂直交叉的横木称为[kyldɪrewiʃ]"穹拱条木"，呈拱形向上隆起，顶部光滑，用于覆盖天窗顶毡。顶圈架圆框上凿有[ʃaŋɣraq khøzi]"曲椽孔"，曲椽自下而上插入孔中，围成规则的圆形，将天窗支撑在毡房顶部中央。天窗也是毡房十分重要的建筑部件，具有稳固毡房、防风避雨的重要作用，因此在哈萨克人心中，顶圈架也是生活稳定、安居乐业的象征。

1-10 ◆坎苏

ۇىق [uwʁq] "曲椽"

毡房上部用于支撑天窗的木杆。顶端尖锐，尾部呈扁状并且向内弯曲，末端中部凿有小孔。曲椽的原料为细长、圆直的杨木或松木，制作时先将木杆末端一侧削砍成扁状，插入沤坑中软化数日，取出后用火烘烤，置于矫木器上以人力使之向内弯折，直至定型。曲椽是构成毡房上部木梁的主要部件，搭建一顶普通的毡房需要六十五根曲椽。

جەلباۋ [dʒel baw] "风带"

毡房内部捆绑在顶圈架圈框边缘的绣花长带，一般有两根，左右两侧对称。草原上天气变化无常，万里晴空可在瞬时变作狂风骤雨，风力最大时可达八九级，风雨之中，哈萨克人用风带固定毡房。风带长可垂至地面，平时底端捆在木格栅上做装饰用，刮暴风时取下，交叉缠绕，捆绑重石，防止毡房倾倒。

1-13 ◆那拉提

1-11 ◆坎苏

كەرەگە [kherege] "格栅"

可拉伸的木质格栅，向内呈较为平直的S形曲面，是承载整个毡房重量的主体建筑部件。格栅拉伸展开时木条交叉呈菱形，合上时孔眼闭合，似S形的木排。曲形条木选用细长的红柳木煣制而成，其顶端外翘、颈部内曲、下部外抛，条木上凿有数个小孔，各条木之间用[kheregeniŋ khøgi] "格栅皮条"穿入小孔中扎紧连接，建造一顶毡房至少需要四面格栅。格栅造型精巧，拆建方便、便于运输，充分展现了哈萨克匠人"精巧易用"的建筑思想。

شالما [ʃalma] "曲椽细花带"

系在毡房曲椽木杆尾部弯曲处的细长花带，用于防止曲椽木杆向两侧歪斜。系花带时，需将曲椽木杆逐个依次交替缠绕捆绑，环绕毡房一周。

1-12 ◆那拉提

بوساعا [bosaʁa] "门框"

固定在两扇毡房格栅中间，支撑门板和顶部曲椽木杆的木门两侧的框架。哈萨克毡房的门框有门楣、侧框和门槛，面朝东方或南方，以避北风。由于考虑到搬迁转场时便于携带等因素，毡房门框普遍较为低矮，人们需要低头弯腰才能正常进出。

1-16 ◆那拉提

باسقۇر [basqhur] "包毡花带"

连接曲椽木杆与毡房格栅，用于固定毡房骨架的绣花宽带。以畜毛制作的毛线纺织而成，花带较宽，上面绣有哈萨克传统花纹，其一端缝在包毡的边缘，带体穿插于曲椽木杆之间，环绕固定于毡房上部，另一端系在木格栅上，具有固定、装饰毡房的作用。连接固定格栅或曲椽木杆的细长花带称为[qhur] "格栅连带"，较窄。

ٴسان باۋ [sæn baw] "饰带"

系在毡房曲椽木杆上的绣花装饰带。顶端绑在曲椽木杆的上部，带子上绣有各式花纹，自然下垂，底端饰有彩色流苏缨穗。饰带颜色亮丽、造型美观，挂置于毡房右侧和中部。

1-14 ◆阿勒玛勒

1-15 ◆阿勒玛勒

1-18 ◆那拉提

شىٴ [ʃïj] "芨芨草席"

围在毡房格栅外面的草席。以草原上常见的芨芨草为原料编制而成，制作一张草席大约需要数千根芨芨草秆，普通草席用细线编制，自然素朴，也称为"素草席"，而较为高档的草席上则有用彩线编织出的精美图案（见图5-43）。芨芨草席高度比格栅略低，直接围在格栅外侧，用毛绳拦腰扎紧固定，不仅可保护外侧的围毡不变形，还可装饰毡房内部。

سقىرلاۋىق [səqïrlawəq] "毡房木门"

朝毡房内部方向打开的双扇木门。有两扇门板，门轴嵌在门楣与门槛内侧伸出的弧形木构件中。门板上雕刻有精美的传统图案，设计精巧，独具一格。

1-17 ◆那拉提

تؤىرلىق [thuwɤrlɤq] "围毡"

覆盖在毡房下部的芨芨草席外面的毛毡。围毡是一张大型的长毡，可整体覆盖在格栅的外围，其高度要达到曲橡木杆下方的弯端部位，是毡房下部最外侧的墙壁，其外部由拦腰扎紧的绳索固定。毛毡由羊毛经人工擀制而成，具有防风保暖、通气性好的特点。冬季人们在围毡外堆筑雪墙，避风防寒；夏季可卷起毡脚，通风纳凉。

1-19 ◆坎苏

بەلدەۋ [beldew] "围毡绳" ｜ ۆزىك باۋى [yzik bawɤ] "包毡绳"

用于固定毡房外部包毡和围毡的粗绳索。在搭建毡房时，毡房外部毛毡铺盖完毕后，人们会用粗长的绳索将毛毡捆绑固定，系扣扎紧，绳索两端拴在深扎于地面的防风木桩上。在新源哈萨克语中，纵向捆绑用于固定毡房顶部包毡的绳索被称为"包毡绳"，而横向捆绑用于固定下部围毡的绳索则被称为"围毡绳"。草原天气变化无常，多有狂风暴雨，因此用绳索固定毡房的这种措施十分必要。

1-21 ◆那拉提

1-20 ◆那拉提

وزىك [yzik] "包毡"

覆盖在毡房曲椽外面的毛毡。是一张呈半圆形的大块毡子，中间天窗处留有半圆形的孔洞。设计精巧，别出心裁，与曲椽木杆构成的木梁表面严丝合缝、完美契合，均匀地覆盖在毡房的上方。其绣有美丽花纹的下部边缘遮盖在毡房房檐处。哈萨克人以毛毡做墙的历史悠久，但毛毡直接接触外界，久经风吹日晒，容易变形、变色甚至漏雨，正因如此，自20世纪塑料篷布大量出现后，人们开始将其覆盖缝制在毛毡外部，并且绣以花纹，毡房防寒、防雨、防风、保暖的实用性得到了进一步的提升。

تۆڭلىك [thyŋlik] "顶毡"

覆盖在毡房天窗上方的小块方毡。呈正方形，四角系有绳索，小巧轻盈，易于拖拽。天气晴朗时，人们将顶毡掀开，通风采光；风雨来临时，通过拖拽绳索，将顶毡覆盖在天窗之上。

1-22 ◆坎苏

1-23 阿勒玛勒

1-24 ◆阿勒玛勒

قاستاۋىش [qhastawɤʃ] "檐毡"

覆盖在木格栅与曲椽木杆连接处外部的窄长花毡。檐毡围绕毡房一周，内侧以呢绒布料做毡面，上面绣有风格粗犷的传统花草纹饰。

ەتەك كىيگىز [ethek khijgɩz] "脚毡"

围绕在木格栅内侧下部边缘处的花毡宽带。草原气候多变，常有风雪，脚毡可以遮盖围毡下部的缝隙，防止冷气渗入，能够很好地保持毡房内部的温度。

جۇرت [dʒurt] "毡房地基"

毡房通常建在平坦的草地上，牧民选好基址后，先用砖块或石板垒砌一个直径约6米，高约30厘米的圆形石台，在石台中部用长短木板铺设圆形地板，再在石台之上的边缘处筑设格栅，搭建毡房。砖石砌筑的毡房地基不仅可以使毡房的木质构件避免浸水毁坏，还可以使牧民在毡房中免受潮气的侵害。牧民转场搬迁时，会保留建好的石台基址，以备来年使用。

1-25 ◆那拉提

جەل قازىق [dʒel qhazɤq] "防风木桩"

用于拴系绳索、固定毡房的木桩。搭建毡房时，人们用重锤将头部削尖的木桩砸入毡房周围的地中，将毡房[dʒel arqhan]"压毡绳"的两端捆绑在木桩上系扣扎紧。

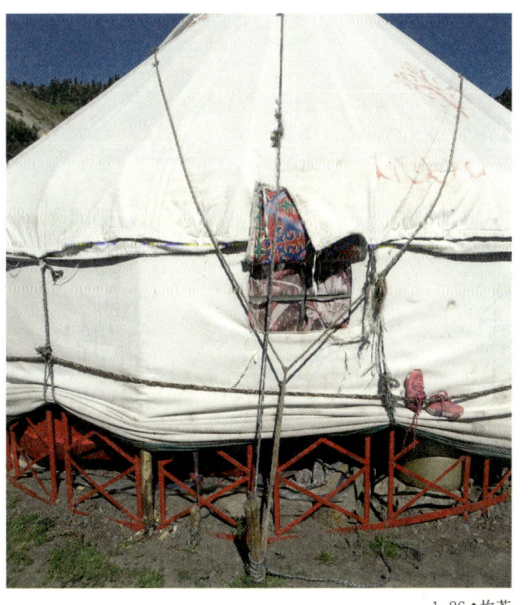

1-26 ◆坎苏

تۇس كىيگىز [thys khijgiz] "壁毡"

挂在毡房内部两侧格栅之上，用于装饰的绣花挂毡。壁毡选用一块长方形的毛毡或绒毛布料作为底毡，用钩针和彩色毛线绣制出精美图案，并以金丝银线缝边，镶嵌银珠宝石，下端缀有缨穗流苏。壁毡华美精致、巧夺天工，不仅是哈萨克刺绣工艺的代表作品，也是哈萨克婚礼新房中不可缺少的物品之一。壁毡刺绣工艺复杂，有钩针刺绣和贴花刺绣等多种针法，制作一张大型壁毡需耗时一年之久。

سىرماق [sɤrmaq] "绗花毡"

铺在毡房地面上的精美花毡。其形状不一，比较常见的有长方形和圆形，由一张底毡和数块颜色各异的彩毡密绗而成，制作时先把染色彩毡剪裁成各种形状的图案，再用千针万线将其密密绗缝在底毡表面。绗花毡图案粗犷、色彩艳丽、层次分明，富有游牧特色。人们将其作为地毯铺于地面，有隔潮防寒、装饰毡房的作用。

1-27 ◆坎苏

1-28 ◆新源县哈萨克族文化遗产展览馆

新源哈萨克语 壹·房屋建筑

1-29 ◆塔勒德

‹تور ‹وي [thɵr yj] "上房"

专门招待宾客的房间。一般是房中面积最大、装修最为精美的房间。传统的哈萨克族"上房",在正对窗户的一面墙壁处居中摆放各式家具并叠放整齐的被褥。门口正对的墙壁上挂置精美壁毯、马鞭、各式兽皮或猫头鹰的羽毛,地面铺有一整块大型的绣花地毯或毡毯,地毯四周放置长形花纹坐褥和靠枕,房屋中间一般摆放有大的长形矮桌,供人饮茶、聚餐。

تۈپكى ‹وي [thypkhɨ yj] "里屋"

位于堂屋左侧或右侧,设门与之互通,室内设床褥,专门用于睡眠、休息的房间。通常家中主人住堂屋,年轻人或孩童居里屋。

1-31 ◆阿勒玛勒

1-30◆阿勒玛勒

اۇىز ٴوي [awʁz yj] "堂屋"

房屋正门正对的房间。堂屋四周摆有家具，中部设有茶炉和矮桌。是传统哈萨克人家日常就餐、娱乐和主人休息的主要场所。堂屋地板上铺有大型地毯或毡垫，人们进入房间时需脱下鞋子放置于房门外侧。

زال [zal] "廊厅"

部分房屋中与正门相对的封闭长形走廊。位于正房中央，是房屋内部的主要通道。上房、里屋等分列走廊两侧，地面铺有地毯，走廊较宽，也可摆放餐桌，供家人喝茶、用餐。

1-32◆阿勒玛勒

پەشەۋان [pheʃewan] "走廊"

位于平房前部，木质前出厦下方，供人穿堂行走、避雨纳凉的通道。由高于地面约四五十厘米的砖砌石台及台阶构成，外侧有用于支撑前出厦木梁的雕花木柱。

اس ئوي [as yj] "餐厅"

正房中专门用于就餐、喝茶的房间。房中设有矮桌和茶灶，矮桌周围铺设绣花坐褥。按照哈萨克族的传统风俗，人们用餐时，家中女主人专司为大家倒茶。一般来说，普通人家的堂屋兼有餐厅的功能，只有大户人家才会专门设房间用作餐厅。

1-33 ◆塔勒德

1-34 ◆塔勒德

1-35◆则克台

عشايحانا [ʃæjχɑnɑ] "厨房"

用于准备食材、制作饭食的简易木房。厨房通常位于正房的旁边，以木板搭建墙壁和房顶，无门，呈半开放式。中部建有砖泥构造的炉灶，顶部设有烟囱，四周摆放碗柜和厨具，形制较为简单。

لاپاس [laphas] "凉棚"

哈萨克民居中供人在夏天纳凉、饮茶、进食的棚子。凉棚左、右和前方三面无墙，呈开放式，由立柱和棚后的一面墙壁支撑棚顶，通风性好，结构简单。棚子下方摆放宽大木床，筑有砖砌炉灶。

1-36◆塔勒德

1-37 ◆坎苏

قويانجون [qhojandʒon] "屋脊"

房屋顶端两面坡顶或四面坡顶的交汇线称屋脊。屋脊多见于近年来新兴建的彩钢瓦顶房，正房顶端与正门内侧廊厅前部屋顶各有一处屋脊，而传统的哈萨克平顶房没有屋脊。

جالپاق توبه [dʒalphaq thøbe] "平顶"

屋顶呈平直的平面，没有坡度。多见于传统哈萨克房屋，新源地处西北，虽然夏季降雨较多，但全年降雨总量整体偏少，因此平顶房屋的民居十分普遍。筑好墙壁之后，将平直的木梁格架安于其上，铺设木板，再用方砖铺顶，浇筑水泥。

1-38 ◆阿勒玛勒

1-39 ◆喀拉布拉

شاترشا توبه [ʃathɤrʃa thøbe] "人字顶"

屋顶坡面呈"人"字形，自屋脊处向两侧延伸下垂，前部坡面比房后坡面略长，可将雨水迅速排至地面。新源地处伊犁河谷草原，夏季降雨偏多，因此这种房屋也较为常见。

ارقالىق [arqhalɤq] "房梁"

支撑房屋顶部结构的坚固木架。新源民居以平房居多，平直的木架梁最为常见。房屋四周墙体筑好之后，在墙壁上缘用粗壮长木搭建成垂直交叉的木梁架，上部铺设大块木板和砖块，最后用水泥浇筑抹平。木架梁构造简单、结实耐用、施工方便。

1-40 ◆塔亚苏

1-41◆塔勒德

قىشتى دودەگە [qhɤʃthɤ dødege] "砖砌房檐"

房顶边缘处用砖块砌筑，延伸出房体的部分。哈萨克民居房檐多有装饰，用多层砖块砌筑在房顶四周，由下而上逐层前伸，房檐中部的砖块有时可通过变换角度排列成简单的几何图案。

تەرەزە [thereze] "窗户"

传统哈萨克民居的窗户以六扇玻璃窗为主，由横木隔成上宽下窄的两部分，上部两边的窗扇可以向外打开。窗框外部两侧安装木质窗板，每扇窗板由两块木板拼接而成，中间由合页连接。

باسپالداق [basphaldaq] "台阶"

房前供人逐级上下的建筑。由砖石和水泥筑成。新源哈萨克民居的地基较高，距地面约四五十厘米，有些房屋前部还有石台，为方便人们上下，人们会在房门前部或石台边缘砌筑台阶，台阶低缓，方便老人儿童通行。

1-43◆坎苏   1-44◆塔勒德

1-42 ♦ 坎苏

سۋاعار [suwaʁar] "檐沟"

房檐处安装的排水系统。房檐外缘设有采集雨水的凹槽，凹槽与墙角的排水管相连。下雨时，雨水通过房顶的斜坡汇集到排水槽内，再通过墙角的排水管排至地面。

توپىراقتان سوققان تام [thophɤraqthan soqqhan tham] "泥土围墙"

由泥土混合草根制成的泥坯筑造的墙壁，多为20世纪七八十年代修筑。其建筑方法与"干打垒房"（见图1-2）相似，为在木夹板中灌注泥坯夯实而成的土墙。由于其构造简单、成本低廉、建造方法简单，村民旧居中的院墙或围墙多是泥土墙，目前在哈萨克村落中仍较为常见。

1-45 ♦ 塔勒德

1-47 ◆塔亚苏

كىرپىش تام [khɨrpiʃ tham] "砖墙"

用砖块砌筑的墙壁。砖墙是当下哈萨克农村中最为常见的墙壁样式。为保证墙体稳固，建造时上下砖层之间需错缝砌筑，用水泥砂浆勾缝，最后在墙体上粉刷涂料，整体美观大方。

قاقپا [qhaqpha] "院门"

农村民居庭院的大门。新源哈萨克村落的院门种类较多，但结构较为简单，有木板门、铁栏杆门、大铁门等。形制最为考究的是铁架雕花木板门，双扇，有的搭有雨篷，门板上面刻有精致的传统民族花纹，外观清新素雅、精巧美观。

1-50 ◆塔亚苏

1-46 ◆坎苏

1-49 ◆塔勒德

تاس كەرىم [thas kerim] "石头围墙"

用河滩圆石混合草泥建筑的墙壁。石头墙多为庄稼或树林之外的围墙，起到阻挡牲畜进入田地踩踏庄稼、啃食树木的作用。村民们就地取材，以河滩圆石作为原料构筑围墙。建造时以草泥为黏合剂，将圆石逐层向上垒砌为墙。由于其牢固程度不高，因此普遍较为低矮，目前，这种建筑已较为少见。

اريق [arɣq] "水渠"

建于道路两侧，用于排水的沟渠。新源乡村的排水渠一般都是露天的明渠，经人工用砖石和混凝土砌筑而成。沟渠穿村而过、长度较长，经过民居院门前方处，会在其上搭设石板，以供人畜通行。

شارباق [ʃarbaq] "篱笆墙"

民居庭院外用木篱笆制成的围墙。使用的木板长度相当，外侧雕刻传统民族花纹，等距离插立固定在砖石基座中，正面装饰着冬不拉交颈木刻，背面用上下两根铁杆固定。篱笆墙造型优美，大方实用，是哈萨克村落中一道靓丽的风景。

1-48 ◆塔亚苏

1-51◆塔勒德

دوعالى قاقپا [doʁalɤ qhaqpha] "拱门"

拱门上方呈弧形，下方为长方形，清真寺的大门多采用这种样式。在新源，部分民居的院门也建为拱门，主体为白色，以蓝色描框，中间为双扇内开大铁门。

جان ەسىك [dʒan esik] "侧门"

民居庭院正门旁边开设的低矮小门。新源哈萨克村落的居民大都以半农半牧的生产生活方式为主，农耕、牧畜兼顾，为方便人畜进出庭院，通常会在院子正门旁边开设一个侧门。大门方便驱赶牛群、羊群，供农业机械出入，侧门则专门供人进出。

1-52◆坎苏

1-53◆那拉提

اتاعاش [athaʁaʃ] "拴马桩"

马是哈萨克人的"翅膀",是哈萨克最为常用的代步役畜,因而在毡房和房门外一般都会设有拴马的木桩,也有长条竖立样式的拴马石。人们还会在木桩顶部拴一根牢固的吊绳,将马缰绳拴于其上,防止马缰绳往下滑落。

جەلى [dʒelɨ] "马驹绳"

挤马奶处,会在几个木桩之间连接一根绳索,以供挤马奶人拴系小马驹。马驹绳拴住马驹后,可使母马按时回家,使哈萨克妇女方便挤奶。

1-54◆坎苏

1-55 ◆坎苏

اعاش قورشاۋ [aʁaʃ qhorʃaw] "树枝篱笆"

用细长的树枝编成。围设在民居庭院、农田或菜园周围，用来保护庭院，防止牛、羊踩踏、毁坏庄稼。

شىبىق قورشاۋ [ʃɤbɤq qhorʃaw] "荆条篱笆"

以光滑竖直的荆条杆为材料编制的篱笆，排列紧密，间隙较小，主要用来保护菜园，防止家禽进入啄食蔬菜。建造时先取等长的荆条杆将底部削尖插入土中，排成一列围设在菜园周围，再用铁丝绕篱笆内外两侧一周与四周木桩固定。

1-56 ◆坎苏

1-57 ◆坎苏

تار كوشه [thar khøʃe] "窄巷"

在哈萨克村落中两排房屋之间的道路称"窄巷"。是村民出入乡村的通道，两侧通常都建有排水沟，沟旁植有树木。新源地广人稀，农村道路的宽度虽比城市公路要窄，但亦可供车辆正常通行，因此"窄巷"是相对而言的名称。

كىرپىش جول [kɨrphɨʃ dʒol] "砖路"

由砖块铺设的路面。由于夏秋季节地面湿滑，很多哈萨克人家选择用砖块铺设院中的路面，院落宽阔的人家只将常行走的道路铺设砖块，而院子较小的人家则铺满整块地面。

1-58 ◆阿勒玛勒

قستاق [qhɤsthaq] "村庄"

  哈萨克人多以牧养牲畜为生，逐水草而居，在寒冷的冬季，人们才会在固定的避风山谷内建造房屋聚居。20世纪80年代新疆实施牧民定居政策后，新源牧民相继走出草原，聚于一处，筑房定居，形成了现代哈萨克村庄。哈萨克村庄一般选在靠近河流的山谷平地

处，房屋统一规划，布局整齐。牧民定居后，生产、生活方式日趋多样化，实现了从游牧到半农半牧以及从事制造、旅游服务等其他行业的巨大转变，智慧勇敢的哈萨克人用勤劳的双手创造出了更加幸福的生活。

1-59 ◆坎苏

二 其他建筑

1-61 ◆坎苏

اشىق دارەتحانا [aʃʁq dæretχana] "露天厕所"

用树枝、篷布和毛毡等搭建的简易厕所。四周用树枝和废毛毡围住，顶部没有遮挡，建于距离毡房和水源较远的地方。厕所较窄，内部挖坑，坑上铺设两块中间留有空隙的木板，供人如厕使用。是草原上十分常见的厕所样式。

دارەتحانا [dæretχana] "厕所"

在新源哈萨克民居中，厕所一般建在院子的东南或西南角，由于院子十分宽敞，厕所远离水源和住房。建厕所时首先在墙角处深挖大坑，坑上覆盖木板，木板中间留有孔洞，外部用砖块垒砌或用铁皮搭设墙壁、房顶。哈萨克人口头上将人们便溺的场所统一称为[dala]"外面"，是为避讳而采用的委婉语，人们说"去外面"即"上厕所"之意。这种说法在新源哈萨克人平时的口头交流中十分普遍。

1-60◆阿勒玛勒

قوي قورا [qhoj qhora] "羊圈"

圈养羊群的地方。新源哈萨克式羊圈是封闭式的建筑，四周用砖块砌筑墙壁，上方盖有房顶，出口处设有门板。羊圈建在背风朝阳、干燥温暖的平地处，正面的墙壁上方留有宽长的通风窗，羊圈内部设有供羊群吃草、饮水的长条形食槽。牧民傍晚驱赶羊群入圈后会关闭圈门，防止野兽惊扰羊群。

1-63 ◆那拉提

قوتان [qhothan] "露天羊圈"

草原上供羊群过夜的敞圈。在草原运输比较困难，建造房屋有诸多不便，为供羊群夜晚休息，牧民会把若干长木桩打在地上围成圆圈，再用铁丝网围成简陋的露天羊圈。草原夜晚多有野兽出没，露天羊圈不仅可以保护羊群免受伤害，还可以防止羊羔离群走失。

قامبا [qhamba] "库房"

用于放置工具、农具或杂物的房子。在乡村，几乎每户人家都会在正房或畜栏旁边建造一间库房，结构比较简单。

1-66 ◆坎苏

1-64◆塔亚苏

ۋاننا [wanna] "药浴池"

　　供羊群药浴的池子。有入口圈、药浴槽和出口圈三部分，入口圈呈三角形，出口圈呈圆形，两者之间是药浴槽。药浴槽为细长的深槽，高度低于入口圈与出口圈，宽度仅能供一只羊通过，两端与进、出口圈有台阶相连。为羊群药浴时，牧民先在细长的药浴槽中灌入药水，然后将羊群赶进入口圈，驱赶羊群通过药浴槽，这时牧民会手持带叉长杆，用力将羊头按入药水中，使其全身浸泡，以防止发生口蹄疫等传染病。

سىيىر قورا [sɤjɤr qhora] "牛圈"

　　供牛群夜晚栖息的半开放式建筑。由三面围墙和房顶构成。牛体形较大，考虑到干燥通风、出入方便等因素，牛圈的正面不设墙壁，仅用立柱支撑房顶。当牛群傍晚归圈后，牧民会用木栏杆或篱笆围住牛圈。

1-65◆坎苏

1-68♦喀拉布拉

كوكتات ۇراسى [khøkthæt urasɤ] "菜窖"

用于保存蔬菜、水果的地窖。人们通常会在正房旁边或屋后的阴凉处凿挖深坑，可达两米，地窖口小里大，冬暖夏凉，一年四季均可使用，夏季可以保持蔬菜不腐烂，冬季则可以防止严寒将蔬菜冻坏。

سۇرلەم ۇراسى [syrlem urasɤ] "青贮饲料池"

用于制作、发酵青贮饲料的地坑。夏秋季节，人们会预先在平坦的空地上挖掘一个深约两米的长方形地窖，待粮食收获后，将新鲜玉米秸、牧草等切成长约1—2厘米的碎草屑，撒入具有发酵作用的糖和甲酸均匀混合搅拌，将草料倒进地窖踩踏压实，高出地面约60厘米时，在上方覆盖大型薄膜封窖，用畜粪压实。用这种方法保存的饲料即[syrlem] "青贮饲料"，适宜牲畜食用。制作青贮饲料的地窖则称之为"青贮饲料池"。

1-69♦坎苏

1-67 ◆坎苏

بورمي قامباسى [bormʏj qhambasʏ] "玉米囤"

用于储藏玉米的木质容器。通体由木板拼接打造而成，外观像一个大型的木箱。箱体下部搭设横竖交叉的木棍，以分散重量，防止因内部粮食过重压坏箱底。为避免粮食浸水，整个箱体由若干摞起来的砖块支撑，距离地面约50厘米。这种玉米囤主要用来盛放已经晒干的玉米。

سامالدىق [samaldʏq] "凉亭"

供人避暑纳凉、喝茶歇息的亭子。人们在亭内铺设木板，覆盖毡毯，坐于其上，一边喝茶，一边赏景，载歌载舞，谈笑风生，凉亭是哈萨克人在盛夏时节乘凉的好去处。

1-70 ◆坎苏

1-71 ◆坎苏

قاقپا [qhaqpha] "牌坊"

大型门洞式纪念性建筑物。用大块石材砌筑而成，通常门牌上雕刻有哈萨克式部落印记，左右柱石上刻有英雄人物像，风格粗犷、气势不凡，草原气息浓郁。现多见于旅游景点或赛马场的入口处。

1-72 ◆坎苏

تاقتاي كوپىر [thaqthaj khøphɨr] "木板桥"

用木板搭设的简易桥梁。草原上的牧民大都在水草丰美的河岸高地上搭建居所、放牧牛羊,将木板横跨溪流,供人畜通行,是草原上最为常见的过河方式。

三、建筑活动

1-73 ◆坎苏

ئىرگە تاس قالاۋ [irge thas qhalaw] "建房基"

夯平地基底面后，规划房屋内部构造，在地基四周埋设钢筋，砌筑砖块，架设木夹板，浇灌混凝土建筑房屋地圈梁。待地圈梁建造完成后，再回填土方，将房基内部地面填平。

تام تاغانىن قالاۋ [tham thaʁanɤn qhalaw] "垒墙脚"

挖好墙基、去除松土后，使用砖块或石料逐层向上垒砌墙体，称为"垒墙脚"。以前人们经常使用河滩圆石垒砌墙体，在矮石墙之上再用砖块筑墙。

1-74 ◆阿勒玛勒

تويگی تاس [thyjgɨ thas] "夯墙石杵"

建筑土墙时使用的夯具。底部为大块圆石，上部是呈"T"字形的木柄，木柄杆固定于圆石上部的石孔中。在建筑土墙时，人们手持夯墙石杵站在土墙上方用力夯砸。

1-75 ◆新源县哈萨克族文化遗产展览馆

قام كىرپىشتەن تام قالاۋ [qham khɨrphiʃthen tham qhalaw] "垒土坯墙"

将黏土混合草泥制成泥坯后，将其置于模具中制成土坯块，放于阴凉处自然阴干。待其阴干后，再将土坯块逐层垒砌、建筑墙体，墙体不宜过高，土坯块之间仍用草泥黏合勾缝。

1-76 ◆坎苏

1-77 ◆阿勒玛勒

كېرپىشتەن تام قالاۋ [khirphiʃthen tham qhalaw] "砌砖墙"

用砖块砌筑墙体。将砖块整齐排列，以水泥做黏合剂加固，逐层向上筑墙，为使墙壁整体稳固，上下砖层之间会错缝砌筑。砖块坚固耐久，可以砌筑高墙，工人需要在墙壁外侧搭设脚手架，站在上面施工建设。

لاي ىىلەۋ [laj ijlew] "和泥"

以前人们建房时，大都将黏土和麦草加水混合搅拌和制草泥，既可以用作墙体原料，也可以用作黏合剂。随着时代的发展，草泥已越来越少见，现在人们大都使用砂石、混凝土。

1-78 ◆阿勒玛勒

ارقالىق كوتەرۋ [arqhalɤq khøtheriw] "上梁"

新源哈萨克乡村的房屋以平顶房为主，房顶使用的大多是平直的木梁架。房屋四周的墙壁建好后，工人站于房内的脚手架上搭设房梁。南北竖梁在下，东西横梁在上，将横梁木交叉搭放在墙壁两侧，竖梁通常是一根结实粗壮的完整圆木，用于承担房顶的主要重量，圆木之间空隙较大。横梁则是密集排列的木板，长度较短，搭设在竖梁上方。

1-79 ◆阿勒玛勒

كىيگىز ٴۇي تىگۋ [khijgiz yj thigiw] "搭毡房"

搭建毡房是新源传统牧民基本的建筑活动。通常选一块平坦的地面作为毡房的基址，在整个搭建过程中不用一根钉子，所有部件只用榫孔、毛绳与绑带连接。

1-80 ◆新源县城

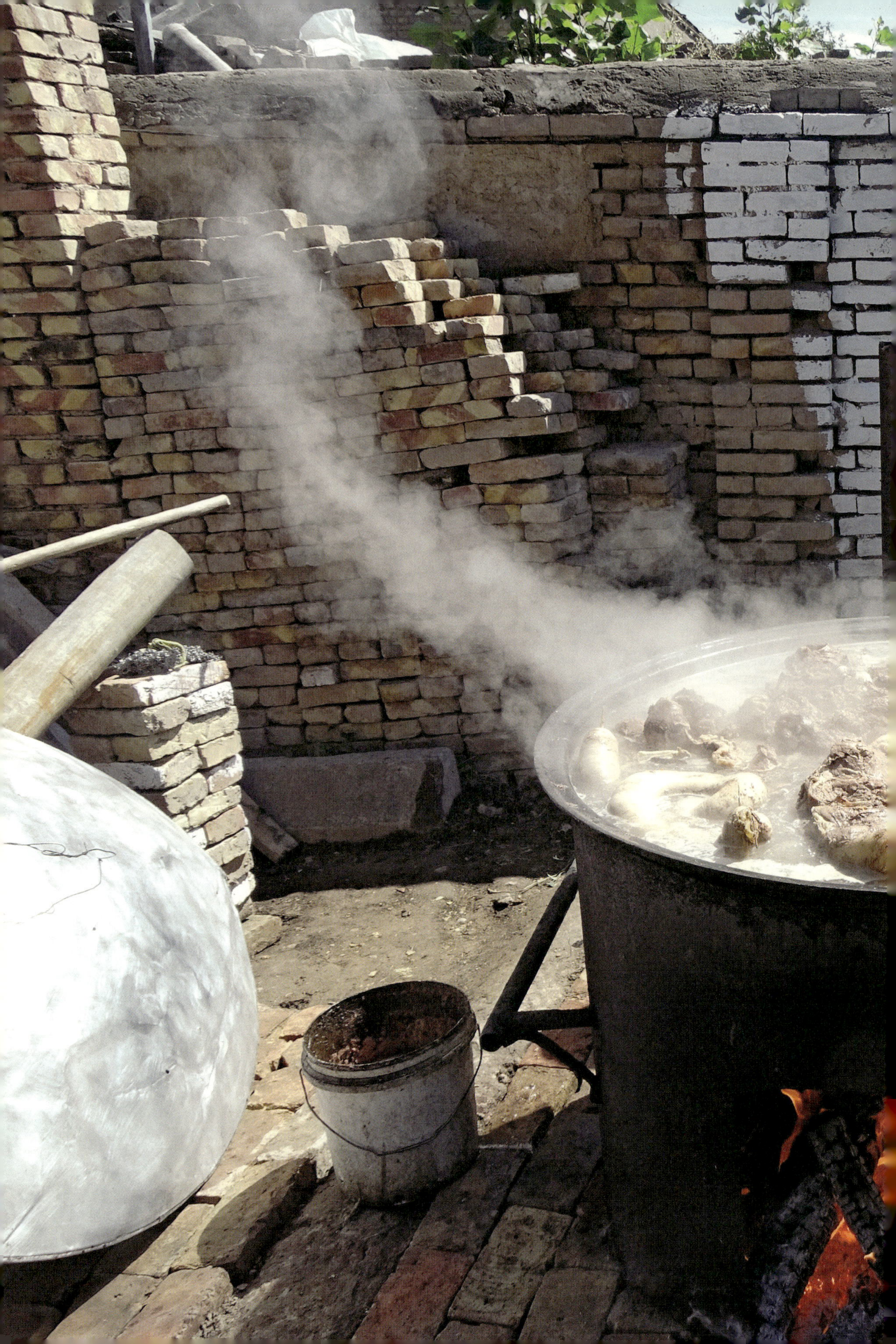

贰 · 日常用具

在茫茫的草原上，远处山峰冰雪覆盖，松杉直入云霄，溪流淙淙，万顷牧草一望无际。千百年来，哈萨克人在这风景秀丽的画卷中游牧生活，繁衍生息，胸怀宽广的大自然慷慨地向人们赠予了最为丰厚的物产。

哈萨克人的日常用具，与放牧牛羊的草原生活息息相关。草原上的大山深处生长有茂密的森林，笔直粗壮的松木结实柔韧，是制作木器的上好材料。哈萨克人通常将已枯死的树木砍伐成段，用刀锯和斧凿精心雕琢，制作成一件件造型精致、美观实用的日用器具。从小巧玲珑的小木碗、轻盈方便的挤奶桶，到结实耐用的木杵臼、造型别致的翘头床，哈萨克人的餐具、用具和卧具与自然生长的松木结下不解之缘，一根根笔直粗壮的树干，在木工匠人的手中脱胎换骨，成为一件件精美实用的艺术品，为

哈萨克人的生活增添了别具匠心的美感。除此之外，哈萨克人还就地取材，芨芨草编成席，牲畜皮制皮囊，羊毛捻绳索，处处皆能体现出哈萨克人因地制宜的生存智慧。

　　由于长期从事畜牧业，随气候的变化在夏牧场与冬牧场之间往来迁徙，哈萨克人的炊具也大多便于携带和使用。在草原放牧或转场途中，牧民会在地上支起一个三足铁架，将铁壶悬挂在上面，下方点燃木柴烧水，而当做饭时，就在高处挖掘一个前端开口的圆形浅坑，将锅置于其上用来炖煮肉块。哈萨克人制作肉食时以炖煮为主，用清水炖上一锅羊肉便是一顿美食，因此所用的锅多为容量较大的带耳大圆锅，锅底较深，锅口四周对称分布有四个锅耳，便于安放在掘地做成的火炉上，哈萨克族有一句俗语"天下的锅都有四个锅耳（天下乌鸦一般黑）"，指的正是四耳圆锅。

一 炊具

2-1 ♦ 那拉提

اعاش موسى [ɑʁɑʃ mosɤ] "木制吊锅架"

用三根长木棍、细铁索搭建的吊锅炊灶。搭建时首先将三根长木棍交叉捆绑，锅具悬空，边缘固定在木架交叉空隙处垂下的细铁索上，下方生火。木制吊锅架构造简单、便于携带，是哈萨克人在游牧和迁徙途中常用的做饭工具。

وشاق [uʃuq] "灶"

在新源哈萨克民居中，用于生火做饭的灶大多位于正房之外用木板搭建的简易厨房中，人们用砖块或土坯块砌灶，炉灶内部中空，灶孔边缘盖有炉圈，灶台宽大平整，可置炊具，中部和下部分别有炉门和出灰孔，烟囱设在炉灶后方。

2-2 ◆ 则克台

جەر وشاق [dʒer oʃaq] "地灶"

在地面高处挖坑建造的简易炉灶。牧民在草原上放牧时，常常掘地建灶，在高处挖一个可架住锅灶的圆坑，灶坑正面敞开，可以续柴出灰，背面设有烟囱。

2-3 ◆ 坎苏

مەش [meʃ] "铁炉"

放在正房内部，用于烧茶、取暖的铁炉。新源夏季凉爽、冬季寒冷，可方便搬卸的铁炉是家家户户必备的厨具，不仅可以烧茶热饭，还可供人烤火取暖。一般来说，哈萨克人都是以灶做饭，用铁炉烧茶、煮奶。

2-4 ◆ 坎苏

شاقپاق تاس [ʃaqphaq thas] "火石"

可通过摩擦生火的矿石。使用时将火石相互摩擦碰撞，使飞溅的火花点燃易燃的干草或毛絮生火。现已少见。

2-6 ◆ 塔勒德

قازانمەش [qhazanmeʃ] "大锅铁炉"

用铁皮制作的圆形铁炉。内部中空，正面下方设有炉门，构造简单。大的大锅铁炉开口大，可以支撑大型铁锅，常用在大型宴席上炖煮牛、羊、马肉。

2-5 ◆ 新源县城

ساماۋرىن [samawrɤn] "茶炉"

专门用于烧茶的高脚茶炉。内部有一可烧炭火的中空立柱，顶端有出气孔，炉身内有储水槽，水龙头位于外壁正面中央处，两侧有把手，茶炉下部为高脚支架。烧茶时打开炉盖倒入凉水，将燃烧的火炭置于立柱中。哈萨克人素有喝茶的习惯，人们一边喝茶，一边闲聊家常、增进感情，小茶炉可以保持茶水的温度，与哈萨克人的生活习俗非常契合。

2-7 ◆ 新源县哈萨克族文化遗产展览馆

ۇلكەن ساماۋرىن [ylkhen samawrɤn] "大茶炉"

专门在大型宴会中使用的大型茶炉。其内部构造与茶炉相似，但体形硕大，底部有炉门和出灰孔，以煤炭为主要燃料。

2-8 ◆ 塔勒德

2-9 ◆塔勒德

تونار [thonar] "馕坑"

　　用于烤馕的土灶。哈萨克民居家中大多是土坯或砖砌馕坑，形似圆柱体，下方设有出灰孔，馕坑内部是用黏土制作的胆，形似倒扣的水瓮，顶端开孔，上窄下宽，内壁呈光滑的曲面。烤馕饼时，人们首先在馕坑内部点燃木柴，使坑内温度升高，待烟灰散尽后，将生面饼铺在圆形的制馕模具上，一手撑立在馕坑外缘，一手持模具，俯身将面饼自下而上快速贴于馕坑内壁。

بازار تونار [bazar thonar] "集市馕坑"

　　集市上的馕坑。这种馕坑外部呈规则的正方体，使用砖块水泥垒砌，内部结构与一般馕坑相同。

2-10 ◆那拉提

2-11 ♦ 新源县哈萨克族文化遗产展览馆

تەمىر قازان [themɪr qhazan] "铁锅"

哈萨克人最常用的炊具。锅形较大，锅体较深。锅沿处设有四个凸出的锅耳，既可将铁锅挂在圆形铁炉上壁边缘防止掉落，还可避免在搬动热锅时烫手。哈萨克族有"天下的锅都有四个锅耳（天下乌鸦一般黑）"的民谚，所说的正是这种常见的铁锅。

تۇتقىش [thutqhʏʃ] "锅耳垫"

端热锅时防止双手烫伤戴的毡套。锅耳垫的使用与哈萨克人的饮食习惯密切相关，哈萨克族以煮食牛羊肉为主，较少颠锅烹饪，因此锅较深，锅形较大，端锅时，主妇将锅耳垫的长绳挂在脖子上，双手套入耳垫中使用。

تاپا [thapha] "对扣烤铛"

由两口相同的平底锅组成的锅。平底锅轻巧方便，是哈萨克牧民在草原放牧时制作馕饼的主要炊具。制作馕饼时，把生面饼铺在锅中，另一口锅盖于其上，两面锅底交替放在羊板粪或柴草火中焖烤，用对扣烤铛做出的馕厚实松软、香气四溢、口感极佳。

2-12 ♦ 塔勒德

2-13 ♦ 新源县第一中学

اعاش قاقپاق [aʁaʃ qhaqphaq] "木锅盖"

用于盖锅的木质锅盖。由两块木板拼接而成，中间用一根横木固定，横木中间位置有孔，方便揭锅。

2-15 ◆塔勒德

ۆلكەن قازان [ylkhen qhazan] "大灶锅"

专门在宴席中使用的大型铁锅。这种铁锅口径很大，锅体较深，四周无锅耳，需放置在大型圆铁炉上（见图2-5）使用。大灶锅容量很大，可一次性烹煮大量牛、羊、马肉，在煮肉时需保持火力充足，并用铁叉翻挑肉块，保证食物均匀受热。

2-14 ◆新源县城

2-16 ◆坎苏

2-18 ◆新源县哈萨克族文化遗产展览馆

ٴۇش بۇت [yʃ but] "三足锅架"

　　铁制的三脚锅架。哈萨克牧民使用的铁锅多是底部圆滑的圆底铁锅，直接置于地上容易歪斜，因此需要用这种简易的三足锅架来支撑。

تەمىر شاينەك [themir ʃæjnek] "搪瓷茶壶"

　　搪瓷的烧茶倒茶用具，壶底较深、盛水较多，壶身上有提手或把儿，是家家户户必备的用具。在草原上游牧的牧民烧水时将搪瓷茶壶挂于三足吊炉架上，在下方燃烧木柴。定居的人们则在烧炉取暖时顺便将茶壶置于炉上用来烧茶或烧开水。

شىنى شاينەك [ʃɤnɤ ʃæjnek] "瓷茶壶"

　　瓷质的茶壶是调制奶茶比较讲究的茶具，主妇们将砖茶掰碎后放入茶壶中，再用滚烫的开水将茶叶泡开，制成浓茶。调制奶茶时，将熟奶和瓷茶壶中泡好的茶水依次倒入碗中，撒入少许盐，最后可冲倒热水调节浓度。瓷茶壶耐热、保温、精致美观，通常与小茶炉一同摆放在餐桌旁的茶托盘中，用来冲泡浓茶。

2-17 ◆新源市场

2-19 ◆坎苏

قالاقشا [qhalaqʃa] "铲子"

烧火时用于铲煤或掏灰的用具。铲头与铲柄均为铁制，柄端为圆柱形，方便手握使用。

2-20 ◆新源县第一中学

قسقاش [qhɤsqaʃ] "火钳"

烧火时用于夹炭块或柴火的铁制夹子。火钳较长，可以防止添炭块时烫伤、烧伤。

كۆرىك [khørik] "风箱"

铁匠铺中向火炉中鼓风，助燃煤块，使炉火旺盛的装置。风箱体形较大，形似大提琴的共鸣箱，上下有两片对称的椭圆形木板，木板边缘以富有弹性的大畜皮革密封连接，鼓风时气流被急速吹入炉内，加速煤块燃烧，可以将铁块快速烧红，便于锻打成型。

2-22 ◆那拉提

2-21 ◆新源县第一中学

كوسەۋ [khøsew] "拨火棍"

用于拨动炭火的铁棍。一端头尖,另一端弯折为把手,用来疏通炉灶。

اعاش كۇبى [aʁaʃ khybɪ] "木桶"

木质的水桶。由木板制作而成,制作时先将木材削砍成外宽内窄可围成圆形的等长木板,木板内侧下部边缘处凿有可安装桶底圆板的浅槽,安装完成后,用铁箍将木桶拦腰箍紧,最后在桶身上下刷涂可防漏的树漆。木桶上部设有便于人们取水的提手。这种木桶容量较大,一般作为水桶使用,而用一整块圆木段凿挖而成的木桶由于容量较小,一般用来挤奶(见图2-26)。

قالاي شەلەك [qhalaj ʃelek] "锡桶"

用于取水、盛水的镀锡铁桶。桶上方有一铁制把手,在草原上放牧时,牧民每天手提水桶到溪流旁取水。有些时候,也用于盛放牛奶、马奶。

2-23 ◆新源县哈萨克族文化遗产展览馆

2-24 ◆那拉提

2-25 ◆新源县哈萨克族文化遗产展览馆

2-26 ◆坎苏

كاتەل [khæthel] "铁瓶"

铁制的水瓶。瓶身细长，上窄下宽，瓶体上部有提手，瓶口处有瓶盖。铁瓶是供牧民在野外放牧时随身携带的饮水器具，牧民在外出放牧前，会在瓶内倒入牛奶、马奶或水，盖上瓶盖挂于马上，供口渴时饮用。

قىمىز شەلەك [qhɤmɤz ʃelek] "马奶桶"

用于挤奶的木桶。由整块圆木段凿挖而成，桶身腹部稍宽，正面上缘处有外凸的倒奶槽，两侧的桶耳上拴系用作提手的毛绳。挤奶桶是哈萨克牧民家家户户必备的器具，哈萨克人通常是妇女挤奶，男人放牧，挤畜奶时，主妇们将木桶上的毛绳提手挎在臂肘内侧，单膝跪地，将畜奶挤射到桶中，待奶水盛至半满时，通过倒奶槽将奶倒入大桶中。

پىسپەك [phɨsphek] "捣棍"

用来捣拌马奶的木质棍子。捣头形似倒扣的木碗，上部有六个孔洞。捣拌马奶时，将捣棍放入马奶皮囊中，人们手持棍柄上下来回捣拌，可以将马奶捣拌均匀，加速发酵和奶油的分离上浮。

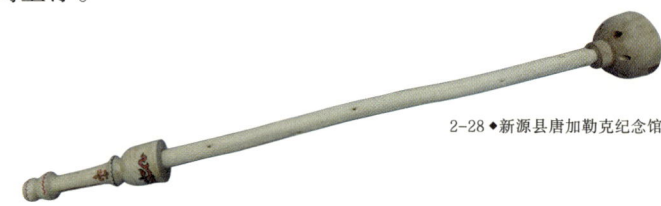

2-28 ◆新源县唐加勒克纪念馆

سابا [saba] "马奶皮囊"

用于盛放、发酵新鲜马奶的大皮囊。夏秋时节，育有马驹的母马盛产马奶，哈萨克主妇们在白天每隔一两个小时就需要挤一次马奶，马奶味甘性凉，可通过发酵制成马奶酒。马奶皮囊形似四棱锥，下宽上窄，密封性好，与马奶捣棍搭配使用，一般选用大块完好无缝的马皮缝制而成，制作时用滚烫的沙子弄干皮板内侧，外部抹上马油后用梭梭柴、白桦或柏树枝熏制，使马油浸入皮里。人们将新鲜马奶倒入这种皮囊中，不断用捣棍上下搅拌，然后将口密封扎紧，如此反复，便可以酿造出香甜醇厚的马奶酒。除此之外，皮囊还可以用于盛放酸奶，通过不断地捣拌分离出油脂制作酥油。

2-27 ◆那拉提

اعاش ءدۇك [aʁaʃ dyŋ]
اعاش سابا [aʁaʃ saba] "马奶木桶"

木质的马奶发酵桶。其酿制马奶酒的原理与马奶皮囊相似，但是马奶木桶体形较大，容量更多，可以盛放和发酵更多马奶。为方便搬动，桶身上嵌有木质把手。

2-29 ◆新源县哈萨克族文化遗产展览馆

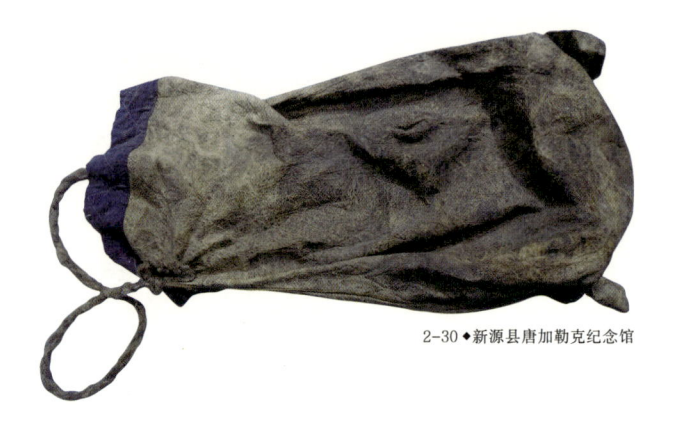

2-30◆新源县唐加勒克纪念馆

تەرى تۇلىپ [therɨ thulɤp] "皮囊"

用一整张牛犊皮或驼羔皮制作而成的口袋。上方缝有可以扎紧口部的毛绳。皮囊结实耐用、密封性良好，在草原上生活的哈萨克人通常在皮囊中盛放酥油、酸奶或马奶酒等奶制品。

كاكپىر [khækphɨr] "笊篱"

用于从汤中捞肉的铁制厨具。哈萨克人以牛、羊肉为主要餐食，肉块与肉汤分开食用，煮肉时取出肉块单独盛放在木盘中，而肉汤则用来煮面，因此，笊篱也是哈萨克人家家户户必备的厨具。

تارى العش [thɑrɤ alɤrʃ] "谷舀"

用来取用谷物的木舀。谷舀外形简朴，呈三角形，尾部有供人抓握的舀柄，由整块木料凿挖而成。糜子、麦子、小米等谷物一般盛放在专门的袋子中，哈萨克人将谷舀做成尖头的三角形样式，可轻易地探入袋中取出谷物，非常实用。

2-33◆新源县唐加勒克纪念馆

2-34◆坎苏

2-31 ◆新源县唐加勒克纪念馆

2-32 ◆坎苏

تەرى تورسىق [therɨ thorsɤq] "皮壶"

用牲畜皮革制成的小壶。哈萨克牧民清晨便要驱赶牛、羊外出放牧，等到傍晚黄昏时分驱赶畜群回家，在外待整整一天的时间。小巧轻盈的皮制水壶便于携带，是牧人外出必备的饮水工具，除了盛水之外，皮壶还可以盛放马奶酒、酸奶等液体。

وجاۋ [odʒaw] "长柄木勺"

木制的长柄大头勺。在大型节日或宴会上专门用来舀马奶酒、酸奶或其他饮品，长柄木勺由整段木头凿挖而成，勺柄较长，形状各异，有直柄、螺旋柄、双细柄等多种形制，勺头和木柄上绘有哈萨克花纹图案。一把普通的木勺，在哈萨克匠人的精雕细琢下，变成了精美的艺术品。

قالىپ [qhalɤp] "面食模具"

制作面食的铁制模具。哈萨克人喜食糕点和饼干，每逢开斋节、古尔邦节等重大节日时，家庭主妇一般都会提前忙碌，亲手制作精致的糕点以备节日待客之用。制作饼干时，需在和面时掺入鸡蛋、牛奶、蜂蜜等，待发面揉好后，用模具定好花形，取出后撒上白糖、芝麻，再放入烤箱中烤制。

2-35 ◆坎苏

2-36 ◆那拉提

جەڭلىك [dʒeŋlik] "馕托"

烤馕时用来将生面饼贴打在馕坑内壁的木制模具。馕托由一块整木削砍而成，状似蘑菇，下部较小，可方便抓握，上部较大，表面圆滑，覆盖有一层可以防止面饼与馕托粘连的毛布。打馕时，需在毛布上洒水润湿，然后将生面饼铺于其上，手持馕托抓手探入馕坑，用力将面饼快速地贴在馕坑内壁。馕托在集市上的馕店中较为常见，而一般家庭做馕时，家庭主妇则主要是徒手将面饼贴在馕坑中。

اعاش كەلى [aʁaʃ kheli] "木臼"

将谷物去壳、捣碎的木制器具，与木杵搭配使用。木臼一般由一整段圆木凿挖而成，上宽下窄，臼槽较深，外部雕刻有精美的花纹图案。哈萨克人在做粥、饯特（见图4-13）等副食时，需要先将谷粒置于木臼中去皮捣碎，木臼是传统哈萨克家庭常用的器具。

2-37 ◆新源县城

2-39 ◆坎苏

2-38 ◆新源县城

ساپتاياق [sapthajaq] "耳杯"

带有耳柄的木制小碗。哈萨克人酷爱马奶酒，耳杯是专门为饮用马奶酒而制作的酒器。耳杯选用整块木料经挖凿制作而成，杯侧雕有便于端持的耳柄，外壁饰有花纹。盛夏时节，主妇将醇香的马奶酒倒在敞口的大木盆中，人们手持耳柄，直接舀来饮用，十分畅快。

توستاعان [thosthaʁan] "小木碗"

木制的小碗。在以前，哈萨克人往往就地取材，砍伐树木后切割成小段，用锛斧和铁凿凿挖木料，制作成小木碗。木碗外观小巧精致，具有保温隔热、不易破碎等优点，是新源哈萨克人家十分常见的餐具，人们一般用木碗盛热粥、酸奶或马奶酒来招待宾客。

كوپ كوزدى ساپتاياق [khøp khøzdɨ sapthajaq] "带耳连杯"

有多个碗口的带柄木杯。由整块木料凿挖制作而成，有四连、五连甚至六连的木杯，各个杯口间有小孔互相通连，一般用来招待尊贵的宾客，使用时舀满马奶酒，供宾客饮用。

2-40 ◆坎苏

2-41 ◆坎苏

شىنى [ʃɤnɤ] "瓷碗"

瓷质的小碗。新源哈萨克人所用的瓷碗莹润剔透、做工精美,外壁绘有精美的民族图案,富有民族特色。哈萨克人有"木碗喝马奶、瓷碗饮奶茶"的饮食习惯,瓷碗适合冲制热气腾腾的奶茶,是哈萨克人最为常用的饮茶器具。

2-42 ◆新源县唐加勒克纪念馆

قىش شىنى [qhɤʃ ʃɤnɤ] "陶碗"

陶制的小碗。陶碗使用黏土烧制而成,色黑,碗口较大,碗槽较浅,可盛奶茶、马奶等液体。随着瓷碗的普及和大量使用,陶碗在哈萨克家庭中已较为少见。

اسادال [asadal] "碗柜"

用于放置餐具的木制柜子。碗柜体形较小,前部有两扇对开的雕花木门,内有三层隔挡,可放置食品、碗筷和锅、盆等厨具。碗柜是草原牧民毡房中必备的家具,一般摆放在毡房靠近木门的右侧位置。

2-43 ◆新源县唐加勒克纪念馆

سوره [søre] "碗架"

　　放置碗筷的架子。由木板打制而成，可以放置碗、茶壶、筷子、小铁勺等餐饮用具。碗架前后无挡板，结构简单、便于拆装，在牧民的毡房中较为常见，直接用绳索捆绑固定在毡房的格栅墙上。

2-44◆那拉提

كەبەجە [khebedʒe] "食品箱"

　　用于存放食品的大木箱。食品箱体形较大，由厚实的木板制作而成，外壁通常绘有色彩艳丽的图画。食品箱制作讲究，各部分结构严丝合缝，密封性能较好，可以保证箱中的食品在一段时间内不变质。哈萨克人经常将馕、奶疙瘩、谷物、酥油等食品放于食品箱中保存。

2-45◆新源县哈萨克族文化遗产展览馆

شىنى قاپ [ʃʏnɤ qhɑp] "木碗桶"

用于收纳碗具的木制小桶。木碗桶由整段圆木凿挖制成,桶身两侧设有毛绳提手,桶口处有木盖。碗桶体形小巧,便于携带,在草原牧民家庭中较为常见。当牧民迁徙时,人们将碗垂直摆放在桶内,以木盖封口,绑在马背上转场运走。

2-46 ◆ 新源县第一中学

استاۋ [asthaw] "长形木盆"

长方形木制大盆。哈萨克木工匠人在制作长形木盆时就地取材,把一段粗壮树干从中间劈开后,以铁凿和锛斧凿挖盆槽,再用锉刀将木盆边缘打磨圆滑,讲究的可在槽底和盆耳处绘制花纹,刷涂树漆。长形木盆质地厚重、盆槽宽大,主要用来和面、揉面。

2-47 ◆ 坎苏

2-48♦新源县唐加勒克纪念馆

ورنەكتى تاباق [ørnekti thabaq] "雕花木盘"

　　木制的圆盘。哈萨克人素来以牛、羊肉为食，肉煮好后，先将肉块漉出汤汁，摆放在木盘中用小刀切碎后食用。在大型节日或宴会时，主人会使用这种精致的圆形雕花木盘盛放羊头肉供尊贵的宾客食用，以表达自己的敬意。

ىدىس ـ اياق قويعىش [ɣdɤs-ajaq qhojʁɣʃ] "茶托盘"

　　用来盛放茶具的托盘。茶托盘用木料雕琢而成，造型精致，盘檐处稍高，盘底有木制四足支撑。哈萨克人喜饮奶茶，茶托盘上摆放用来冲制奶茶的小茶炉、盛奶碗、瓷壶和茶碗。当家人聚餐或宾客来访时，哈萨克女主人往往会端上茶托盘，为人们奉上一碗奶香四溢、热气腾腾的奶茶。

2-49♦新源县唐加勒克纪念馆

2-50◆新源县唐加勒克纪念馆

كەستەلى تاباق قويғىش [khestheli thabaq qhojʁʁʃ] "绣花圆垫"

圆形的绣花垫。哈萨克人游牧历史悠久，素来有席地而坐的习俗，当人们进餐时，会在地面的毛毡上直接铺上一块长形的餐布，人们围坐而食。为防止盘底过热烫坏餐布，家里的女主人往往会绣制这种美观实用的圆形花垫垫于盘底。此外，人们还会把绣花圆垫垫放在茶托盘上，用来吸收溢洒的热水。

تاقسى [thaqsɤ] "干果盘"

盛放干果的木盘。干果盘由木料精雕细琢制作而成，盘身雕有精美的木刻花纹，盘体上凿有三个分隔开的深槽，分别用来盛放不同种类的干果。

اعاش تەگەنە [aʁaʃ thegene] "木奶盆"

木制的大圆盆。由整段圆木经铁凿、锛斧凿挖制作而成，盆槽较深，外壁绘有花纹。木奶盆质地厚重、容量较大，是专门用来盛放马奶酒的器具，用长柄木勺搅拌均匀，待酒香四溢后，再盛至木碗，供人饮用。

2-51◆新源县城

2-52◆新源县唐加勒克纪念馆

سۇزبە دوربا [syzbe dorba] "滤袋"

滤除酸奶汁水的细布袋。当家中的牛奶积攒到一定数量时，人们将牛奶置于炉灶上加热烧熟，待热奶降至温热后，加入酸奶引，使牛奶发酵制成酸奶，放入皮囊中捣拌使油脂分离提取酥油后，将剩下的脱脂酸奶在锅中煮沸加热，然后倒入滤布中滤除黄色汁水并晾干，等到尚有两成水分时，再用手将酸奶攥成奶疙瘩。

2-54 ◆ 则克台

اعاش قاسىق [aʁaʃ qhasɤq] "木匙"

木制的匙子。由木料雕琢制作而成，匙柄和匙槽处刻绘花纹，精巧别致，造型美观。由于木制器具不太适宜舀盛热汤，因此木匙一般用来搅拌、舀喝酸奶。

2-55 ◆ 新源县唐加勒克纪念馆

تەگەنە [thegene] "铝盆"

铝制的圆盆。铝盆便于加热、不易生锈，一般用来煮制畜奶。每天傍晚时分，哈萨克主妇会手提木桶为母牛挤奶，然后将新鲜的牛奶倒在铝盆中加热烧熟，奶皮子和一部分熟奶用于调制奶茶，剩余的则用来制作奶酪、酸奶、奶疙瘩或酥油等奶制品。

2-53 ◆ 则克台

2-56 ◆新源县城

شاي قاسىق [ʃaj qhasɤq] "茶匙"

用来调制奶茶的木制小匙子。茶匙的匙柄细长、匙槽较深，一般放置在盛有熟牛奶的瓷碗中。当冲制奶茶时，先用茶匙在碗中舀上几勺牛奶，再倒入浓茶，撒上少许盐后，冲倒开水制成热气腾腾、奶香浓郁的奶茶。

2-59 ◆坎苏

باكى [bækhɨ] "小刀"

铁制的折叠小刀。可挂于腰间，哈萨克族成年男子有随身携带小刀的风俗，是男子成年的象征。

وقتاۇ [oqthaw] "擀面杖"

用来擀制面皮的长木棍。擀面杖由树枝削砍而成，棍面圆滑，长度可达五六十厘米，是擀制面皮的主要用具。

2-58 ◆坎苏

2-57 ◆坎苏

تاقتاي [thaqthaj] "长案板"

用来切面的木板。哈萨克族所使用的案板宽度较窄，但长度较长，可达六七十厘米，由整段树干纵向劈砍制作而成。哈萨克人爱吃切面，当煮肉时，哈萨克主妇将揉好的面擀制成宽大的生面皮，叠成几层后，将面皮纵向放置在案板之上，一手压面，一手持刀切面，待肉块煮好后，用笊篱盛出肉块，在肉汤中煮切面。

تەمىر ساقپى [themir saqphɤ] "铁筷"

铁制的筷子。筷柄处镶有隔热防烫的瓷质材料。铁筷造型精巧，一般在大型宴会或传统节日时用来招待宾客，以示主人待客的诚意。而在家庭日常进餐时，则主要使用木筷或竹筷。

شىپتا [ʃɤptha] "餐具席"

覆盖在餐具或食物之上的草席。餐具席尺寸较小，由芨芨草编制而成。盛夏时节，草原上蝇虫较多，主妇们将餐具席覆盖在碗筷或食物之上，可以防止蝇虫。

2-60 ◆新源县城

2-61 ◆塔勒德

2-62 ◆坎苏

كىيگىز توسەك [khɨjgɨz thøsek] "毡床铺"

  用毛毡铺成的床铺。哈萨克人游牧历史悠久，席地而坐的风俗延续至今，无论是在草原上游牧的牧民，还是已经定居的居民，房屋内部依然用毛毡覆盖整个地面，用于日常的生活起居，称为"毡床铺"。

اسپالى توسەك [asphalɤ thøsek] "吊床"

用长绳吊起的婴儿小床，又称"吊摇篮"。人们用木板做成小床，上面铺放柔软的被褥，然后将木板四周系上长绳，捆绑在房屋的木梁上，吊床离地面约三十厘米，有些吊床四周还会安装护栏。

تەمىر سىپى [themɪr sɤphɤ] "铁床铺"

宽大的铁床。由铁板打制而成，高约半米，侧面床板及床头处雕有精美的木刻花纹，床面宽大，可供人在床上进餐和休息。当家人聚餐时，在床上放置矮桌，摆放餐食，人们围桌而坐，女主人则侧坐在床沿，为人们端茶倒水。

2-64 ◆塔勒德

2-63 ◆塔勒德

قايىقى باس توسەك [qhɑjqɤ bas thøsek] "船形翘头床"

两头上翘的木床。船形翘头床用木板搭建而成，因其中间平坦，两端向上翘起，外形似船，又名"船形床"。船形床一般供老人坐卧使用，床面铺放兽皮，人卧于其上时，头、脚上翘，可减轻脊柱的压力，有利身心。

2-65 ◆阿勒玛勒

2-66◆坎苏

بەسىك [besik] "摇篮"

  供婴儿睡眠的木制卧具。摇篮由木板制作而成,床板两侧有护栏,上部设有便于抓握的长杆,底部两端的横木略有弧度,可使摇篮轻微地左右摇晃。木摇篮是哈萨克族传统的婴儿卧具。按照哈萨克礼俗,在新生儿出生后第七天左右,要邀请亲戚及四邻儿童为新生儿举行摇篮礼,届时会将婴儿首次放入摇篮并举办[thʏʃtʏrma]"顺便礼"仪式,祈愿新生儿肠胃舒适、大便通畅。

تەكەمەت [thekhemet] "床毡"

  覆盖在毡房或民居地面木板架上的染花毛毡。床毡相当于房间中的地毯,哈萨克居民在盖好房屋后,会在地上搭建离地约三十厘米、表面平整的防潮木板架,然后在木板架上铺盖床毡。

2-67◆坎苏

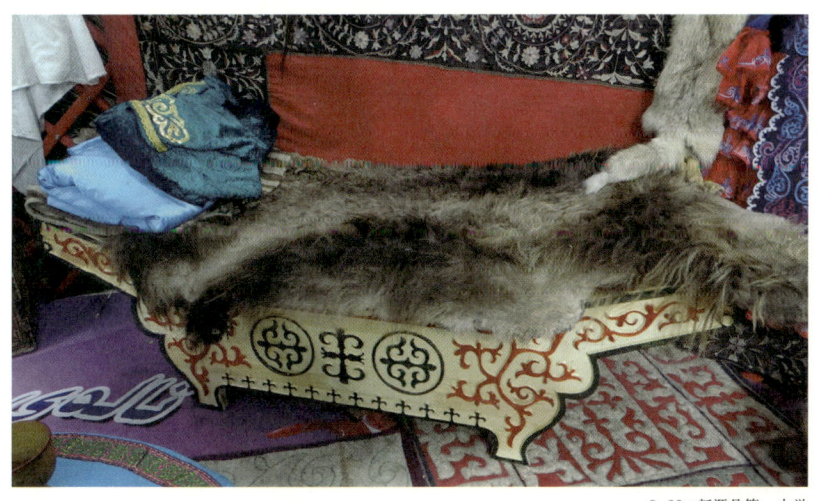

2-68◆新源县第一中学

بوستەك [bøsthek] "毛皮褥"

用畜皮或兽皮做成的褥子。最为常见的褥子为羊皮褥，人们将羊宰杀后将皮整体剥下，加工后制成皮褥。皮褥不仅柔软舒适，还可防潮保暖，人们睡觉时会将皮褥垫在被褥下方使用。

ٴتور كورپە [thør khørphe] "客褥"

供客人坐卧的绣花长褥。客褥以细毛绒布做褥面，褥子的正面绣有精美的哈萨克花纹图案，褥中填充羊毛。客褥花饰端庄雅致、质地柔软舒适，一般用来供客人坐卧休息，由于房内床毡较为单薄，人们白天时坐在柔软的客褥上吃饭喝茶，晚间则躺在客褥上睡眠休息。

2-69◆塔勒德

2-70 ◆坎苏

قۇراق كۆرپە [qhuraq khørphe] "百纳褥"

用多块花布缝制而成的长褥。百纳褥的褥面由多块不同颜色的布料拼接而成，多为以前遗留下来的物品，目前已经极为少见。

دوڭگەلەك سىرماق [døŋgelek sʏrmaq] "圆形绗花毡"

用针线将彩色花样缝制在底毡上的圆形花毡。大的圆形绗花毡可以覆盖整个毡房的地面，而小的花毡则作为坐垫，或者垫在热盘底部用来作为隔热垫。

2-71 ◆塔勒德

2-72◆坎苏

كەستەلى كۆپشىك [khestheli khøpʃik] "方形坐褥"

供人坐着休息的正方形坐垫。方形坐褥大都是哈萨克女主人亲手缝制而成，选用细毛绒布做褥面，方褥正面绣有精致花纹，内部以羊毛作为填充物。

كەستەلى جاستىق [khestheli dʒasthɤq] "绣花枕"

绣有精美花纹的方形枕头。绣花枕呈正方形，以细毛绒布做枕面，正面绣有精美的哈萨克花纹图案，枕头四周缀有花线流苏。白天人们做靠枕使用，晚上则作为枕头。

2-73◆则克台

قوي ˈجۇن كورپە [qhoj dʒyn khørphe] "羊毛被"

  以细羊毛做填充物制成的被子。哈萨克族以牧养长毛绵羊为主，每年春夏之交时，人们将剪下的羊毛清洗干净，弹打松软后，塞入被套中做成羊毛被。羊毛被不仅可以抵御湿气，还具有很好的保暖作用。

2-74 ◆坎苏　　　　　　　　　　　　　　2-75 ◆阿勒玛勒

كورپە جاپقىش [khørpe dʒapqhɤʃ] "罩被花单"

　　用于遮罩被褥的绣花布单。清晨起床后，主妇会将被褥一一叠好，整齐地摞放在靠墙的箱柜上，然后用罩被花单遮盖，花单上方再用一方形绣花枕压住。用于遮罩衣物的绣花布单叫 [khijim dʒapqhɤʃ] "遮衣花单"。

三、桌椅板凳

2-76 ◆新源县城

ۇزىن ۇستەل [uzɣn ysthel] "长桌"

  长方形的木制矮桌。哈萨克人有席地而坐的风俗，因此桌子较为低矮，方便人们取用餐桌上的食物。在开斋节、古尔邦节或大型宴会时，人们在桌上覆盖花布，摆放美食供客人食用。长桌较长，最多可供十几人同时用餐。

2-77 ◆新源县第一中学

دوڭگەلەك ۇستەل [døŋgelek ysthel] "圆桌"

圆形的木制矮桌。桌面低矮，体形较小，一般用来供家人用餐。每当傍晚时分，牧民赶着牲畜归圈后，人们围坐在圆桌旁共进晚餐。圆桌在牧民的毡房中较为常见。

تورت بۇرىش ۇستەل [thørt burɣʃ ysthel] "方桌"

正方形的木制矮桌。桌面低矮，是哈萨克族供家人用餐时使用的餐桌。

2-78 ◆塔勒德

2-79 ◆坎苏

داستارقان [dastharqhan] "餐布"

　　铺在毛毡上或桌上，用来摆放食物、供人吃饭喝茶的长布。哈萨克人以放牧为生，为方便转场迁徙，人们化繁为简，以毛毡为椅凳，以花布为餐桌。餐布不论是家人吃饭还是节日聚餐都可使用，是哈萨克人家中必备的用品。

كىشكەنە ورىندىق [khiʃkhene orʏndɤq] "小凳子"

　　低矮的木质小板凳。凳腿是两块凿有三角形孔洞的木板，凳面是一块方形的木板，中间雕刻有精美的花纹。

2-80 ◆喀拉布拉

2-81◆坎苏

ۇزىن وريندىق [uzɣn orɣndɣq] "条凳"

凳面狭长的木板凳。凳腿中间以短木连接。条凳是在大型宴会或重大节日时，摆放于室外供长者坐着聊天休息的用具。

كىتاپ سورەسى [khɨthɑp syresɨ] "书架板"

用于支撑书籍的木架板。书架板由两块分立但可以开合的木板构成，木板之间交叉连接，打开时可以将书籍置于其上，方便阅读，不用时两块木板可以闭合。书架板由一整块厚实的木板凿挖、雕琢而成，美观实用、结构精巧。

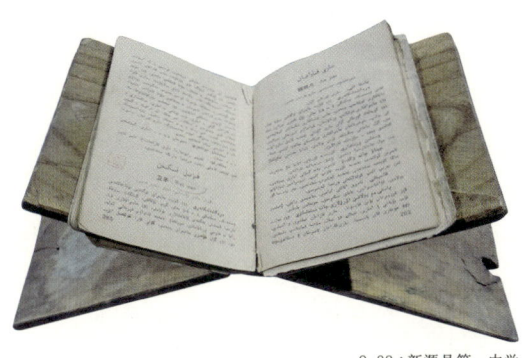

2-82◆新源县第一中学

四 其他用具

2-83 ◆那拉提

اعاش تەگەنە [aʁaʃ thegene] "木盆"

木制的圆盆。将木料锯成等长的木板，安装圆形木板作盆底，最后在木板上下边缘处以铁箍扎紧，制成木盆。小型的木盆一般用来清洗衣物，而体形较大的木盆则用来盥洗沐浴。

ʿشي سبىرتكى [ʃij sibirtkhi] "芨芨草大扫帚"

用芨芨草制作的大扫帚。制作扫帚时，将干芨芨草裁至等长扎成草束，使用铁丝或皮绳用力将尾部扎紧，取一细长尖头木楔刺入尾部形成一圆形孔洞后，再用力敲入长木柄，制成扫帚。芨芨草大扫帚在新源乡村十分常见。

2-85 ◆喀拉布拉

2-84 ◆新源县哈萨克族文化遗产展览馆

مس تەگەنە [mʏs thegene] "铜盆" | قول شاۋگىم [qhol ʃæwgɨm] "净壶"

铜制的小圆盆。由铜质材料打制而成，铜盆内侧刻有精美的花纹，底部留有四个可以排水的流水孔。

净壶是手提用来倒水洗手的金属壶。哈萨克人有用流水洗漱的习惯，洗漱时一手持净壶倒水，一手洗漱，污水沿盆底的小孔流出。目前铁制净壶使用较多。一般放置于室外向阳处，还有的挂在室外木桩上。

قامىس سىبىرتكى [qhɑmʏs sɨbɨrtkhɨ] "芦苇扫帚"

芦苇做的扫帚。新源县河流众多，盛产芦苇，芦苇挺直修长，茎秆富有韧性，适合制作清扫房顶、墙壁或窗户等高处的长柄扫帚。将干枯的芦苇浸水泡软，以细绳将苇秆用力扎紧，再把扫帚头分股系好制成。

2-86 ◆喀拉布拉

2-87◆新源县哈萨克族文化遗产展览馆

2-88◆新源县唐加勒克纪念馆

سپرعش [sʏphʏʀʏʃ] "毛掸子"

用马尾或牦牛尾巴制作而成。哈萨克人把马尾捆绑固定在木制的掸柄上，制成毛掸子，在炎热的夏季用来驱赶蚊虫。

شاي دوربا [ʃæj dorbɑ] "茶挂袋"

挂于墙上的绣花茶袋。茶挂袋由细毛绒布或彩色毛线花带缝制而成，袋面上有精致的花纹，边缘处饰有彩边或挂穗，挂袋缝有布质挂扣，可将茶袋挂置在墙壁高处，防止茶叶受潮。彩色毛线花带缝制的茶挂袋称为 [dʒip ʃæj dorbɑ] "线织茶袋"，是牧民家中十分常见的茶袋样式。

قورجىن [qhordʒʏn] "褡裢"

可搭在马背上的布口袋。褡裢两侧缝有对向的大口袋，搭在马背上时，两端口袋下垂，可以盛放重物。哈萨克人用的褡裢一般由厚实柔韧的土布缝制而成，以畜毛纺成的彩线宽花带做袋面，袋口处缝有毛绳系扣。

2-90◆新源县唐加勒克纪念馆

2-89◆新源县唐加勒克纪念馆

كوپ اۇزدى قاپشىق دوربا [khøp awɣzdɤ qhapʃɤq dorba] "多口挂袋"

有六个口袋的绣花装饰袋。由细毛绒布缝制而成，袋体修长，六个口袋自上而下整齐排列，袋面以彩线钩绣花草纹饰，下端装饰彩线毛穗流苏。多口挂袋做工精致，华美亮丽，是极富民族特色的精美手工艺装饰品，一般成对挂置在格栅墙壁上，用于装饰毡房。

پانار [phanar] "马灯"

可挂在马厩中、能防风雨的煤油灯。马灯最下方的底座是盛放煤油燃料的金属油皿，油皿正面设有可调节灯芯长短的旋钮，灯芯位于油皿上方的玻璃灯罩中，灯罩外部有铁丝固定，灯身上部为可换气的两层金属盖，灯体设有把手。

2-91◆新源县第一中学

2-92◆新源县唐加勒克纪念馆

سىرلى ساندىق [sɣrlɣ sandɣq] "漆木箱"

漆有花纹的木箱。箱体外壁漆有民族特色花纹,箱体与箱盖之间以合页连接,箱盖前方设有锁扣。木箱是牧民们在草原上游牧时主要的收纳器具,主要用来盛放衣服和贵重物品。平时放置在毡房木门正对的格栅木墙前面,上方摞放被褥。

تەمىر ساندىق [themir sandɣq] "铁皮箱"

用铁皮镶包的木箱。木箱子制作完成后,除箱底外,木箱外壁包上一层黄色的铁皮或铜皮,以圆头铁钉固定,再在铁皮之外印刻花纹,镶嵌宝石。铁皮箱外形精致,美观实用,是哈萨克姑娘出嫁时必备的嫁妆,一般用来盛放衣物。

2-93◆新源县城

شکاف [ʃkhaf] "衣柜"

用于盛放衣物的木制立柜。衣柜为两层构造，中间以木板相隔，正面上下分别设有两对双扇木门，门板上雕刻图案纹饰。由于需经常转场迁徙，哈萨克牧民家中的衣柜体形较小，一般摆放在毡房正面，上部可摆放被褥。

2-94◆新源县哈萨克族文化遗产展览馆

جۆك اياق [dʒyk ɑjɑq] "脚箱"

新源哈萨克语中的[dʒyk ɑjɑq]有两种类型，一种是用于承载被褥或重物的木制大箱子，可翻译为"脚箱"，脚箱体形宽大，四角处的雕花长木将箱体托起，雕花长木上部高于箱盖，可以固定压覆的重物（见图2-95）；另一种是专门用于承载大箱子的木架，也叫[thørt sʏjrɑqtʏ khebeʤe]"四足箱架"。

2-95◆新源县第一中学

2-97♦新源县第一中学

زامبىل‎ [zæmbil] "抬把子"

用于抬泥土建干打垒土房（见图1-2）的建筑运输用具。抬把子制作方便，结构较为简单，是20世纪新疆地区建筑土房的重要工具。两侧为粗壮的长木棍，中间是用藤条编制成的藤网。

ات اقىرى‎ [at aqhɤrɤ] "马槽"

喂马的木槽。马槽宽且高，槽部较深，由木板拼接而成，下部有木架支撑，由于哈萨克马的身形一般都较为高大，因此马槽的高度比其他牲畜的食槽要更高一些。马槽一般设在毡房旁边，牧民会定期在牧草里加入一些食盐供马食用。

2-98♦那拉提

سەبەت [sebet] "藤篮"

　　用藤条编制的篮子。以三根藤条为一股，取四股藤条作为篮筐骨梁交叉摆放在平地上，然后用压一挑一的手法将藤股缠绕起来，待篮筐底部编制完成后，再将四股藤条分开，取长藤条向上编制，最后收编，剪除多余部分，插入木提手，制成藤条篮子。

2-96 ◆喀拉布拉

اعاش ناۋا [aʁaʃ nawa] "羊槽"

　　喂羊的木槽。外形狭长，一般由一整段树干挖凿而成。哈萨克人就地取材，常以挺直修长的白杨树干为原料，用锛斧凿挖成槽，供羊群吃草料、饮水使用。

2-99 ◆坎苏

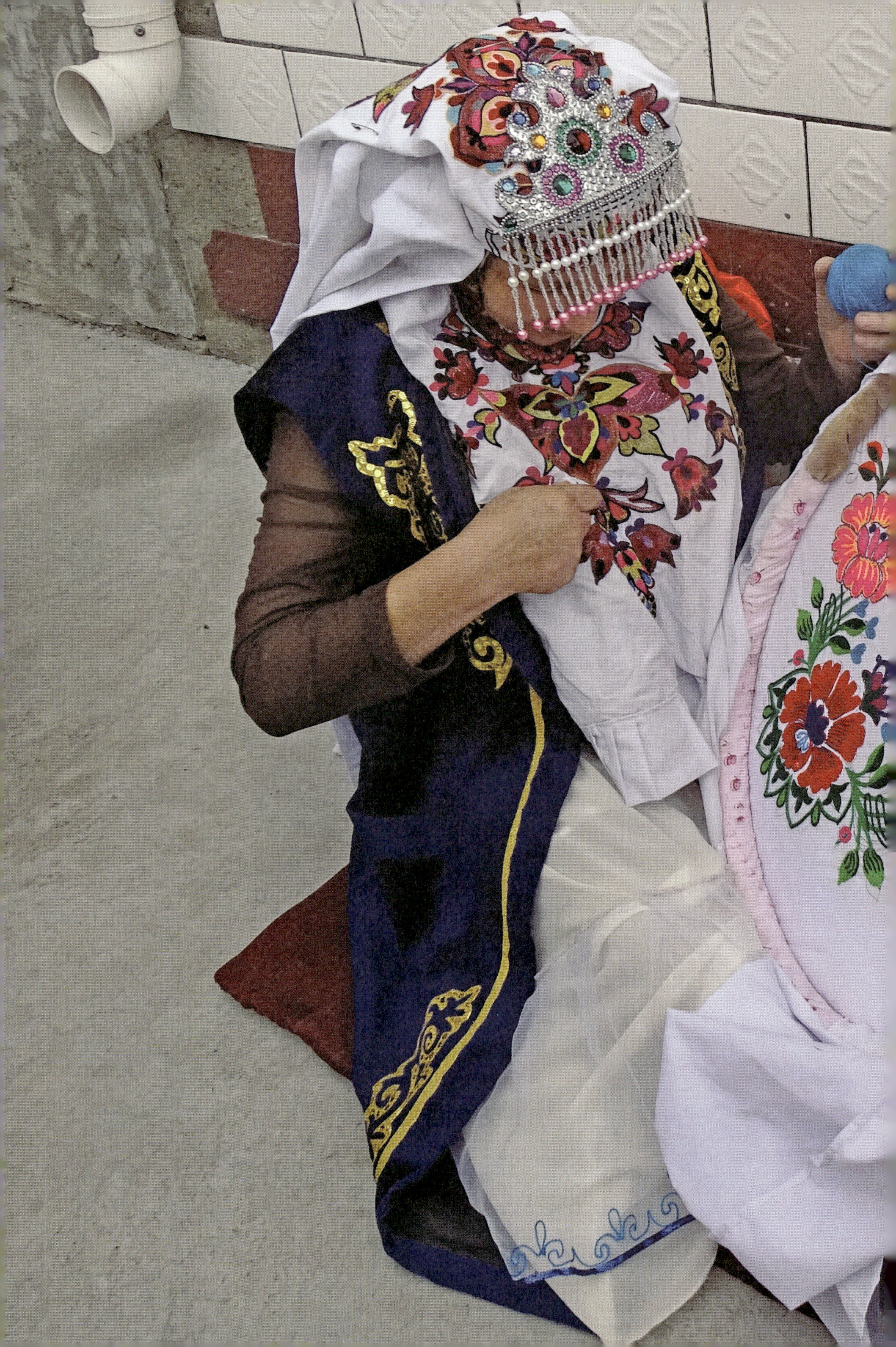

叁·服饰

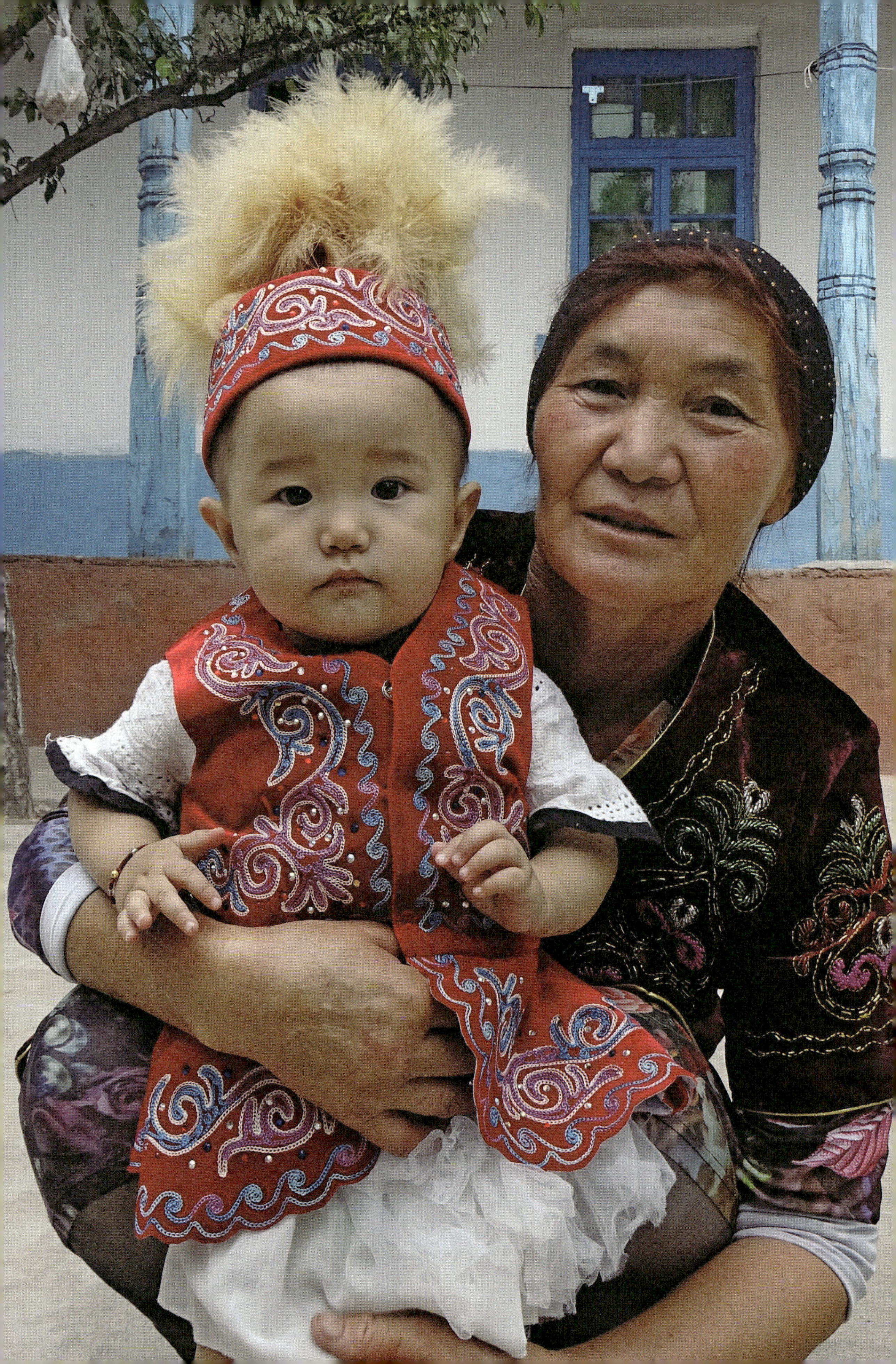

哈萨克的民族服饰具有鲜明的草原文化特色。哈萨克族自古以来从事畜牧业，过着逐水草而居的生活，与自然为伴。独特的地理环境、宗教信仰、图腾意识、生活方式，直接影响着哈萨克民族服饰的款式、图案搭配以及色彩搭配，使其具有独特的艺术魅力，反映出哈萨克族的审美、礼仪等文化内涵。

哈萨克族生活环境以山区草原气候为主，服饰多以牲畜皮、野兽皮以及各式各样的布料手工制作而成。草原牧场纬度靠北、地势较高，冬季冰雪覆盖，寒风刺骨，对牧民的生产生活构成了极大的考验。牲畜和野兽的毛皮结实柔韧，防风保暖且获取方便，因而，哈萨克人的御寒衣物常用羊、狐狸、狼、鹿、熊等动物皮制作。牧民在宰杀牲畜或猎杀野兽之后，会仔细地将毛皮整体剥下，经过盐硝浸泡、铲刀刮削、晾干鞣革等多道工序后制成柔软的毛皮，再经妇女们灵巧的双手，缝制成精美的皮帽、大衣和皮靴等服饰。除此之外，人们还会因地制宜地使用毛毡来制作高筒毡帽、毡筒和毡篷。

哈萨克族男女在不同的年龄段会穿戴不同的服饰。男子服饰的风格较为粗犷，与哈萨克男子豪放旷达的性格十分契合；年轻男子一般头戴绣花小圆帽，身着修身正装；长者则头戴高筒毡帽，身穿锦线绣花长袍。女子的服饰针脚细腻，花纹精美；未婚姑娘一般头戴鸦羽圆形小花帽、外穿收腰绣花短坎肩、身着双褶襞连衣长裙，活泼灵动、步步生姿；已婚女子则头戴珠帘绣花套头巾、外穿深色长坎肩、身着宽松素花裙，端庄优雅，落落大方。

哈萨克语的服饰词汇作为使用频繁的基本词汇，已形成了数百条固定词语和谚语，直接体现出其民族文化心理与认知的特殊性，如：tɤmaq tastap keʃirim suraw "脱帽道歉"（非常正式的道歉，相当于"负荆请罪"）、tonɤn teris aynaldɤrɤw "反穿皮袍"（乔装打扮，伪装自己）。

哈萨克民族的服饰是反映其文化的一面镜子，堪称没有文字的历史。

3-1 ◆新源市场

ئيت جەيدە [ijt dʒejde] "狗衫儿"

新生儿在出生满40天之前穿的衣服，男孩穿的叫"狗衫儿"，女孩穿的叫"狗裙儿"。"狗衫儿"得名于当地的细猎犬，细猎犬聪慧敏捷，被哈萨克人称为"七宝"之一。"狗衫儿"一般由碎布或长寿长者衣服的边角布料缝制而成，较为宽大，寓意新生儿健康成长，长命百岁。为防止衣服线头刮伤婴儿，人们一般会为新生儿反穿"狗衫儿"。当新生儿出生满40天的时候，家人会在"狗衫儿"中包上糖果和甜点，让年龄大一点的孩子去追狗并吃掉里面的糖果，共享新生儿满40天的喜悦，称为[ijt qhuwalasqan]"狗追"，寓意新生儿像细猎犬一样灵敏、智慧、健壮。

ۇشكىل جاعا جەيدە [yʃkhil dʒaʁa dʒejde] "尖领衬衫"

尖领的长袖衬衫。尖领衬衫为对襟设计，胸前有纽扣，领子宽大，向外翻折，领口及扣子两侧的前胸处绣有传统民族花纹。尖领衬衫精致美观，是哈萨克男子在重大节日或大型宴会上贴身穿着的正装，外面一般还会套穿一件精美的长袍。

3-3 ◆阿勒玛勒

一 衣裤

3-2◆则克台

تىك جاعالى جەيدە [thɨk dʒaʁalɤ dʒejde] "立领衬衫"

  立领的长袖衬衫。领子窄短，向上立起，领口、袖口及前胸处绣有哈萨克传统花纹，衬衫的背面颈部设有拉锁。立领衬衫一般以白色为主，较为宽大，透气性较好，为夏季服饰。可以作为哈萨克男子出席宴会时的礼服。穿着时，从头套穿，衬衫下部塞于腰间。

كازەكەي [khæzekej] "坎肩"

  成人穿的无袖棉质背心。坎肩外部为黑色细绒毛布，絮有棉花和羊毛，为无袖对襟设计，领口较为宽大，背心内外绗有细线。新源气候湿冷，早晚温差较大，坎肩保暖轻便，哈萨克妇女一般穿着来挤奶、做家务。

3-4◆塔勒德

قىزدار كامزولى [qhʏzdar khamzolʏ] "姑娘坎肩"

姑娘穿的花纹坎肩。由深色细毛绒布缝制而成，无袖对襟，领口较为宽大，下部腰身处向内收紧，下摆贴于胯部上侧，领口及下摆处缝有哈萨克传统纹饰。这种坎肩造型精美，是未出嫁的姑娘夏季穿着的服饰，一般穿于连衣裙的外面。

3-5 ◆新源县哈萨克族文化遗产展览馆

3-6 ◆新源县哈萨克族文化遗产展览馆

جاس ايەلدەر كامزولى [dʒas æjelder khamzolʏ] "女士坎肩"

中年妇女穿着的无袖长坎肩。由深色细毛绒布缝制而成，无袖对襟，修长无扣，长度可达膝盖上部，领口宽大，前胸及下摆处绣有精美花纹。这种坎肩雅致端庄，是中年妇女夏季穿着的服饰，一般与连衣裙搭配。

كۇرمە [khyrme] "毛皮坎肩"

用畜皮或兽皮制成的坎肩。对襟，无袖，领口及边缘处皮毛外翻，坎肩两侧绣有精美纹饰。这种坎肩避风防寒，是哈萨克男子冬季干活时穿着的保暖服饰。

3-7 ◆ 新源县哈萨克族文化遗产展览馆

جاس جىگىتتەر مەشپەتى [dʒɑs dʒɨgitther meʃphethɨ] "青年正装"

哈萨克族青年男子穿着的翻领正装。领口外翻呈"V"字形，腰身内收，与西装大体相同，但在袖口两侧、前襟两侧绣哈萨克传统花纹，通体由鲜艳布料缝制而成，是青年哈萨克男子在重大节日或大型宴会上穿着的正装，一般与白色尖领衬衫搭配。

3-8 ◆ 则克台

شاپان [ʃaphan] "外套"

青年哈萨克男子穿的立领长袖外套。由浅绿色细毛绒布缝制而成，较为宽大，长度可达胯下，绣有传统纹饰。

3-9◆新源县哈萨克族文化遗产展览馆

كەستەلى شاپان [khestheli ʃaphan] "长袍"

修长的袍子。长袍由各色毛绒布缝制而成，长袖对襟，宽领无扣，长度可达膝盖下方，领口处缝有披肩，领边、袖口及下缘边沿处绣有精美花纹。长袍是哈萨克族中老年人出席宴会或大型节日时穿着的礼袍，也是哈萨克人送给客人的最为珍贵的礼物，每逢有德高望重的长者或功勋卓著的杰出人物来访之时，人们会举行庄重的[ʃaphan dʒabɤw saltɤ] "披袍礼"，为他们披上华丽的绣花长袍来表达自己的敬意。

3-11◆新源市场

3-10 ◆喀拉布拉

كەبەنەك [khebenek] "毡篷"

由羊毛毡制成的上衣或套头衫。草原气候湿冷，冬季常有狂风暴雪，毡篷不仅防风保暖，还可避雨防潮，但随着时代的发展，这种毡篷目前已极为少见。

ايەلدەر كەستەلى شاپانى [æjelder khestheli ʃaphanɣ] "女式长袍"

妇女穿着的长袍，女士长袍质地柔软，由深色的细毛绒布缝制而成，长袖对襟，开领无扣，袖口及前襟两侧绣有精美细腻的花纹图案，有细碎的珠宝点缀其间。女式长袍是哈萨克中老年妇女节日或宴会上穿着的礼服。

3-12 ◆新源县第一中学

3-13 ◆塔勒德

شەكپەن [ʃekphen] "捷克曼"

翻领的毛制长外衣。捷克曼一般由驼毛布料缝制而成，材质柔软细腻，领口外翻成"V"字形，前襟两侧缝有口袋，外形修长，长度可达膝盖上部。捷克曼较为宽大，面料上乘，配色得体，是20世纪哈萨克男子十分流行的正装，但随着时代的进步和发展，这种衣服现在已较为少见。

سشك [iʃik] "皮大衣"

用羊羔皮制成的保暖大衣。春天出生的羊羔经过夏秋两季的生长，皮质柔软，绒毛细腻，适宜制作保暖服饰。哈萨克人在秋季将春羔宰杀后，将毛皮整体剥下熟皮，其后绒毛在内，皮革朝外，在皮革外侧缝上一层厚实的深色布料做衣面。通常这种皮大衣十分宽大，长度可至膝盖下部，是哈萨克人在冬季防风御寒的保暖衣物。此外还有 [thylkhi iʃik] "狐皮大衣"、[qhasqhʏr iʃik] "狼皮大衣"、[barɤs iʃik] "雪豹皮大衣"等。但随着动物保护意识的增强，这些皮大衣已少见。

3-15 ◆新源县第一中学

تون ‑ شالبار [thon-ʃalbar] "皮袄皮裤"

  作为游牧民族的哈萨克人，在高寒山区以皮、毛为主要服饰材料。哈萨克族男子一般冬天穿鞣制过的、羊毛朝里的皮袄或皮裤。皮袄多以短黑卷毛羊皮制成，衣领处用纯黑或银灰色毛皮作为装饰。皮裤肥大结实便于乘骑，经久耐磨，抗寒保暖。

3-14◆新源县第一中学

جەڭدىك [dʒeŋdɪk] "棉护臂"

  为手臂保暖防寒的毛皮护具。棉护臂由牲畜毛皮缝制而成，毛绒内翻，皮板外侧缝制细毛绒布，中间绣有色泽亮丽的彩线花纹。新源冬季多有寒风，气温较低，为防止寒气侵入，冻伤关节，哈萨克族老人一般会在手臂及臂肘处穿戴棉护臂，防风保暖。

3-16◆新源县唐加勒克纪念馆

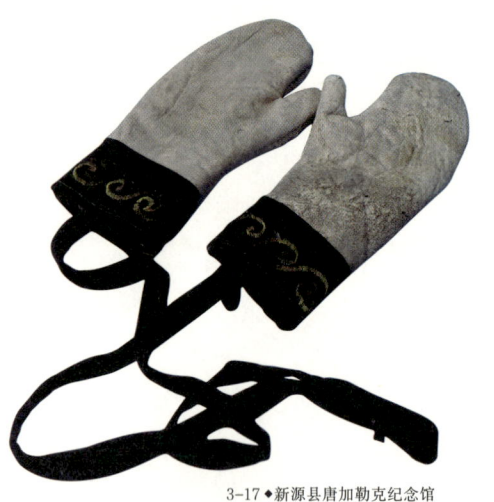

3-17◆新源县唐加勒克纪念馆

بوكەباي سالى [bøkebaj salɤ] "毛披巾"

用畜毛制成的围巾。哈萨克人将细腻柔软的牲畜绒毛纺成布料后，再将其缝制成披巾，称为"毛披巾"。毛披巾呈方形，巾面绣有精美花纹图案，有的边缘处缀有黑色毛穗流苏。

تەرى قولعاپ [therɨ qholʁap] "皮手套"

由畜皮制成的手套。皮手套一般由羊皮缝制而成，毛绒向内，皮板朝外，是哈萨克人冬季常用的保暖护具。

3-20◆新源县唐加勒克纪念馆

سالى [salɤ] "披巾"

披于肩部的提花方巾。由彩线钩织而成，正方形，巾面织有碎花图案，边缘处缀有流苏。披巾色泽亮丽，轻盈单薄，哈萨克妇女在夏季时常披于短袖之外，既可用于装饰，也可防止受风着凉。

3-19◆新源县唐加勒克纪念馆

3-18 ◆新源县唐加勒克纪念馆

تۆیه ٴجوٴن مویىن وراعش [thɯje dʒyn mojʌn oraʁʏʃ] "驼毛围脖"

由骆驼毛织成的长围巾。骆驼绒毛柔软细腻，防寒保暖，是制作被褥和衣物的上好材料。哈萨克妇女将骆驼毛纺成线，再织成围巾。

قارا بەلدىك [qhara beldɨk] "黑腰带"

用畜毛纺织而成的黑色长腰带。畜毛腰带柔软顺滑，质地轻盈，带体宽长，单薄透气，是哈萨克族传统的腰带，过去，男子会将畜毛腰带缠裹扎系在腰间。现已较为少见。

ٴىش كویلەك [iʃ khøjlek] "内裙"

哈萨克妇女贴身穿着的连衣裙。由轻盈单薄、柔软透气的布料缝制而成。

3-21 ◆新源县唐加勒克纪念馆

3-22 ◆塔勒德

كويلەك [khøjlek] "连衣裙"

背心与裙子连成一体的长裙。由质地柔软、富有弹性的细毛绒布缝制而成，短袖圆领，正面绣有哈萨克传统花纹，背部领口处设有拉锁，下部裙摆较为宽松。这种连衣裙紧贴腰身，衬托身形，端庄优雅，精致美观，是哈萨克姑娘或青年女子在参加宴会时穿着的服饰。

3-23 ◆ 新源县哈萨克族文化遗产展览馆

3-25 ◆ 新源县哈萨克族文化遗产展览馆

جەلبىر كويلەك [dʒelbir khøjlek] "宝塔裙"

裙摆状如宝塔的连衣长裙。以丝纱为原材料精心剪裁缝制而成，绣花圆领，纱质长袖轻盈透明，袖口宽大，上短下长，裙摆自腰间向下逐层叠压，横向短摆可多达十四五层，裙摆向外蓬起，裙角上扬，形似宝塔。宝塔裙灵动轻盈，精致华美，富有青春气息，是极具哈萨克民族文化特色的传统少女服饰。

3-26◆新源县哈萨克族文化遗产展览馆

الجاپقىش [aldʒɑpqhɤʃ] "围裙"

围在胸前和腰间的护裙。下宽上窄，上部及两侧缝有绣花系带。围裙是哈萨克妇女做饭时必备的用具，既防水防油，又精致美观。

3-24◆新源县哈萨克族文化遗产展览馆

قوس ەتەك كويلەك [qhos ethek khøjlek] "双褶襞裙"

裙摆为双层设计的连衣长裙。由丝纱剪裁缝制而成，圆领长袖，下部裙摆处在主裙之外还缝有横向的短摆，短摆自上而下逐层叠压，多则四五层，造型别致，端庄优雅，是哈萨克少女的传统服饰。双褶襞裙也是姑娘们的传统舞裙，当冬不拉琴声响起时，姑娘们穿着双褶襞裙一字排开，跳起欢快的黑走马，长裙翩翩，舞姿优美，将哈萨克姑娘的活泼与柔美体现得淋漓尽致。

二 鞋帽

3-27 ◆塔勒德

تاقىيا [thaqʁja] "圆花帽"

绣有花纹的圆形小帽。以柔软的深色细毛绒布做帽面，帽顶呈圆锥形，帽檐四周有以金银彩线绣制的花纹，造型古朴，风格粗犷。圆花帽是哈萨克族男子传统服饰的一部分，一年四季均可佩戴。戴小圆帽时不可歪斜或只扣戴在后脑勺处。帽子上的花纹有绣花、钩花、贴花、镶珠等多种样式。

ۇكىلى تاقىيا [ykhilɨ thaqʁja] "鸮羽圆帽"

以猫头鹰的羽毛做帽缨的女式圆帽（见图3-28）。鸮羽圆帽以细毛绒布做帽面，帽檐四周用彩色毛线钩绣花纹，帽顶插有猫头鹰羽毛做的帽缨。哈萨克族认为猫头鹰的羽毛具有避免灾祸、祛除邪祟的神奇作用，被广泛地当作帽饰或衣物饰品，用于辟邪求吉。鸮羽圆帽色彩明艳，造型别致，是哈萨克族姑娘和青年女子的传统头部服饰。

男童戴的饰有猫头鹰羽毛的绣花圆帽，叫[ul balalardɯŋ ykhilɨ thaqʁjasɣ] "男童鸮羽圆帽"（见图3-29）。由四块帽片缝制而成，制作时先将柔软的条绒布料制成上窄下宽的帽片，在帽面上用彩线钩绣花纹，然后将帽片逐块缝合成圆帽，底部上翻做成帽檐，帽檐前端开有小衩，帽顶处饰有鸮羽帽缨。

3-28 ◆新源县哈萨克族文化遗产展览馆

3-29 ◆新源县唐加勒克纪念馆

3-30◆新源市场

كيىگىز باس كىيىم [khijgiz bas khijim] "毡帽"

心灵手巧的哈萨克裁缝匠人将现代帽式与传统服饰相融合，以毛毡为原材料制作的圆形带檐帽。帽体由六块帽片缝制而成，帽檐与前部两块帽片为黑色，其余四片为白色毛毡，边缘处棱角分明，帽面绣有花纹图案。

قىزاي اق قالپاعى [qhɤzaj aq qhalphaʁɤ] "克宰毡礼帽"

用四块毛毡制成的折檐缀珠高筒帽。在新源居住的哈萨克人以克宰部落居多，克宰毡礼帽是克宰部落独有的头部服饰，一年四季均可佩戴。人们选用柔软细腻的绵羊颈绒制成白毛毡，裁剪为四块上尖下宽的帽片，底侧以黑色绒布做帽里，然后将帽片逐块缝制成圆形毡帽，缝合处以黑布连缀，帽片下部上折为圆形帽檐。哈萨克人以"七"为吉祥数字，有"七宝"的说法，因此会在帽顶正中处缝上缀有七颗黑白相间的宝珠流苏，寓意生活圆满，幸福吉祥。

3-31◆新源县唐加勒克纪念馆

3-32◆新源县唐加勒克纪念馆

ايىر قالپاق [ajɤr qhalphaq] "开衩大帽"

两侧开衩的大檐礼帽。以柔软的细毛绒布为帽面，由两片大块的帽片缝制而成，帽檐边缘以白色绸布锁边，帽筒及帽檐中部以金丝银线绣制精美花纹。开衩大帽帽檐宽大，外观华美，庄重大气，是哈萨克族身份尊贵或德高望重的长者在节日或宴会上佩戴的礼帽。

تىماق [thɤmaq] "风雪帽"

用野兽或牲畜毛皮制成的带有护耳的高筒大帽。哈萨克人宰杀牲畜后，将毛皮整体剥下加工，将绒毛朝内，皮板朝外，剪裁缝制为高筒的皮帽，护颈帽墙较长，自然舒展在后颈部，前额帽墙缝于帽筒上，两侧护耳帽墙平时上翻系于帽筒后部，寒冷时则翻下护住耳部和脸颊，帽子皮板一侧以细毛绒布做帽面。是哈萨克牧民冬季御寒必备的传统头部服饰。另有一种 [thylkhɪ thɤmaq] "狐皮风雪帽"，用狐狸皮制成，是哈萨克女子过去冬季常用的御寒之物（见图3-35）。

3-34◆新源县唐加勒克纪念馆 　　3-35◆新源县唐加勒克纪念馆

3-33 ◆塔勒德

3-36 ◆新源县唐加勒克纪念馆

تۇبەتاي [thøbethæj] "衬帽"

紧贴头部穿戴的一层轻薄帽里。出于卫生需要,哈萨克年长的老人一般会剃光头发,然后紧贴头皮戴上衬帽,衬帽之外再套戴其他类型的帽子。衬帽由轻盈透气的柔软布料缝制而成,可以防止毡帽帽里过硬而伤及头皮。当帽子过大时,人们也会在帽子里面加戴一个衬帽。

كۇلاپارا [khylaphara] "风雨帽"

用野兽或牲畜毛皮制成的防风避雨帽。草原上气候变幻无常,早晚温差较大,常有疾风暴雨,为保护头部不受风着凉,哈萨克牧民经常使用风雨帽。风雨帽由两片皮帽片缝制而成,护颈帽墙自然舒展,帽顶尖凸,护耳帽墙可护住耳部及脸颊,两端缝有帽绳,毛绒朝内,皮板一侧缝有细毛绒布的帽面。

كىيگىز كۇلاپارا [khijgiz khylaphara] "毡制风帽"

用毛毡制成的防风避雨帽。人们选用细腻柔软的羊颈绒制成毡坯,裁剪为两块三角形帽片后相互缝合,以白色毛线锁住边角,制成风帽。毡制风帽朴实素雅,轻便实用,是哈萨克牧民时常穿戴的防风用具。

3-37 ◆新源县唐加勒克纪念馆

3-39◆新源县唐加勒克纪念馆

3-38◆新源县唐加勒克纪念馆

بورىك [børik] "兽皮圆帽"

用野兽毛皮制成的圆形冬帽。兽皮圆帽端庄优雅，造型美观，是哈萨克牧民冬季必备、防风御寒的头部服饰。有[qhundɤz børik]"獭皮圆帽"、[khamʃat børik]"貂皮圆帽"、[thylkhɨ børik]"狐皮圆帽"、[æjelder thylkhɨ børigɨ]"女式狐皮圆帽"等。

ۇكىلى بورىك [ykɨlɨ børik] "鸮羽兽皮圆帽"

顶部缝有猫头鹰羽毛的兽皮圆形冬帽。人们在兽皮圆帽顶部缝制鸮羽，寓意驱邪避祸，吉祥安乐。其造型别致，活泼灵动，是哈萨克小姑娘冬季常戴的保暖帽子。

3-40◆新源县唐加勒克纪念馆

جاۇلىق [dʒawlɯq] "女式头巾"

哈萨克妇女用于包裹头发的方巾。哈萨克女子在结婚后，都会用一块轻盈透薄、质地柔软的绣花头巾裹住头部，在发髻下部结扣系紧，此外，头巾在劳作时还具有防尘遮阳的作用。

3-41◆新源县城

كىمەشەك [khɨjmeʃek] "套头巾" ｜ شلاۋىش [ʃɤlawɤʃ] "盖巾"

哈萨克已婚妇女穿戴的头部服饰，有套头巾（见图3-42）和盖巾（见图3-43）两部分，可遮盖头部、脖颈、前襟和后背，由白色土布缝制而成，布面上用钩针绣制彩线花草纹。是已婚妇女尤其是老年妇女在盛大节日或出席宴会时穿戴的礼服。套头巾套于头颈，仅有面部露出，长至腹部，遮盖整个前襟，前襟正面绣有大幅花草纹图案，下部边缘形似裙褶。盖巾穿戴时盖于头顶，用小别针固定在套头巾上，与套头巾连成一体。盖巾修长过腰，自然披垂在颈背部，自上而下用钩针和彩线绣制长幅花草纹图案。

3-42◆喀拉布拉

3-43◆喀拉布拉

3-44 ◆塔勒德

3-45 ◆新源县第一中学

تۇيىرەۋش [thyjrewiʃ] "头巾箍饰"

固定在盖巾顶部的银盘头饰。由银质材料打制而成，银盘盘面上密集镶嵌五彩宝石，底部缀有垂面宝珠银帘，一般用别针固定在盖巾顶部。头巾箍饰造型精致，雍容华美，尽显哈萨克已婚女子的优雅与端庄。

تەرى شاقاي [therɨ ʃɑqhɑj] "皮窝子"

用牲畜毛皮制作的简易鞋子。皮窝子翻毛朝外，皮板在内，也有的翻毛在内，将皮革条串在鞋面边缘做鞋绳。穿皮窝子时，人们要先在脚上穿上毡袜，再将皮窝子的鞋绳系在脚腕处固定。

ماسى [mæsɨ] "皮袜子"

用牲畜皮革制成的袜子。皮袜子柔软舒适，防风保暖，男女均可穿用，是哈萨克族传统的脚部服饰。一般与皮套鞋搭配穿戴，室外行走时在皮袜子外加穿皮套鞋，在室内则只穿着皮袜子。

كالەش [khɑleʃ] "胶皮套鞋"

用牲畜皮革或蓝色胶皮制成的套鞋。套鞋鞋洞宽大，套在皮袜子之外，可以防水御寒。现在哈萨克人穿的套鞋大都是由工业胶皮制作而成，由牲畜皮革制成的传统套鞋现在已极为少见。

3-46 ◆新源市场

3-47 ◆新源县唐加勒克纪念馆

ايەلدەرۇ ماسىسى [æjelder mæsisi] "女式皮靴袜"

用牲畜皮革制成的女式靴袜。由柔软的皮革缝制而成，袜勒较高，两侧绣有花纹。一般与皮套鞋搭配穿戴。

كەبىس [khebis] "皮套鞋"

由牲畜皮革制成的女式套鞋。传统的女式套鞋以畜皮为原料，鞋匠将皮革裁剪后经过胶粘、压制、缝合制成鞋底和鞋跟，然后再缝合皮革鞋面制成套鞋。套鞋鞋洞较大，与皮靴袜搭配穿戴。

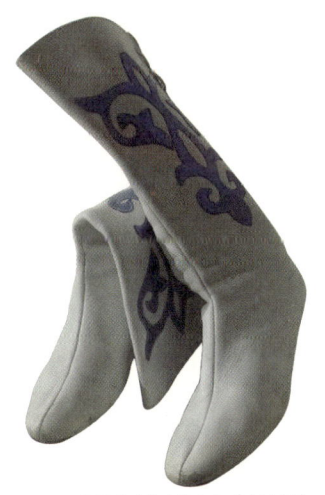

3-48◆新源县哈萨克族文化遗产展览馆

3-49◆新源县哈萨克族文化遗产展览馆

ەرلەرۇ ماسىسى [erler mæsisi] "男式皮靴袜"

由牲畜皮革制成的男式皮靴袜。用黑色的皮革缝制而成，袜勒较高，纹饰风格粗犷。

3-50◆新源县哈萨克族文化遗产展览馆

پيىما [phɤjmɑ] "毡筒"

由毛毡制成的靴子。毡筒防风防潮，厚实耐磨，保暖性好，是哈萨克牧民在冬季必不可少的御寒之物。选用细腻柔软的羊绒弹毛、压毡、烫毡后擀成毡坯，放入模具中压制成型，制作工艺较为复杂。

3-51◆新源县哈萨克族文化遗产展览馆

3-53◆新源县唐加勒克纪念馆

تويە ‹جوٗن باىپاق [thyje dʒyn bajphaq] "驼毛袜"

用骆驼绒毛捻制的彩线织成的袜子。哈萨克人将驼绒染色捻成彩色毛线，然后用毛衣针织打成花纹精美、柔软舒适的驼毛袜。

بىلعارى ەتىك [bɤlʁarɤ ethik] "皮靴"

用大畜皮革制成的靴子。皮靴一般由上好的牛皮缝制而成。哈萨克鞋匠以数层熟牛皮制作靴底和靴帮，然后缝合绣花靴筒制成皮靴，靴边及靴面处绣有精美图案，靴筒内侧有开口，边缘处缝有带孔，以皮革条制成的鞋带扎紧固定。

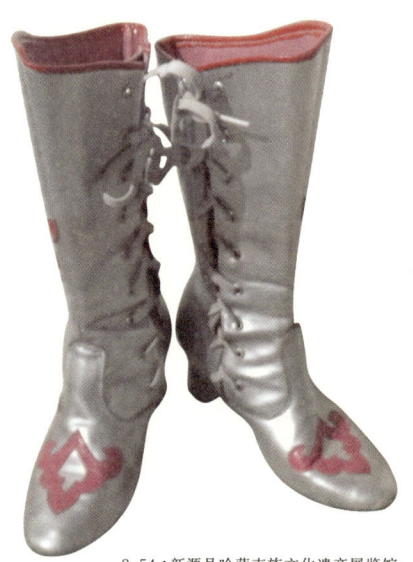

كيىگىز باىپاق [khijgiz bajphaq] "毡袜"

用毛毡缝制的袜子。毡袜由柔软细腻的羊绒毛毡缝制而成，缝合处以黑色细毛绒布锁边，质地柔韧，轻盈舒适，防风保暖性好，是哈萨克族传统的御寒用品。

3-52◆新源县哈萨克族文化遗产展览馆

3-54◆新源县哈萨克族文化遗产展览馆

三、首饰等

3-56 ◆塔勒德

كؤمىس بەلبەۋ [khymɨs belbew] "镶银皮腰带"

镶嵌银饰的皮带。腰带主体为皮革，腰带头由银制材料制作而成，表面刻有黑白相间的精美传统花纹图案。

كؤمىس سىرعا [khymɨs sɤrʁa] "银耳坠"

带有下垂饰物的银制耳饰。由银制雕纹坠盘与坠穗构成，顶端有细钩可挂于耳垂处。还有的银耳坠镶嵌有宝石，叫[thas khøzdɨ sɤrʁa]"嵌宝石耳坠"（图3-55）。

3-55 ◆新源县第一中学

كىسە كەمەر [khɨse khemer] "武装带"

可挂置佩剑和枪械的皮带。武装带分为[khɨse khemer]"腰带"、[khɨse]"肩带"和[oqʃanthaj]"子弹袋"三部分，由大畜皮革缝制而成，皮带表面镶嵌银饰，压刻精美花纹，腰带系于腰间，刀剑挂于左侧，枪械挂置在皮带右侧，肩带绕于右肩，通过带环固定在腰带上侧，用于负载刀剑重量，防止腰带受重下坠。武装带坚实耐用，是20世纪初哈萨克猎人常用的装备。"子弹袋"是盛放子弹的镶银皮袋。由牲畜皮革缝制而成，袋面镶嵌有纹章银饰，压刻精美花纹，背面缝有挂扣，可穿过皮带固定在腰带上。

3-57 ◆塔勒德

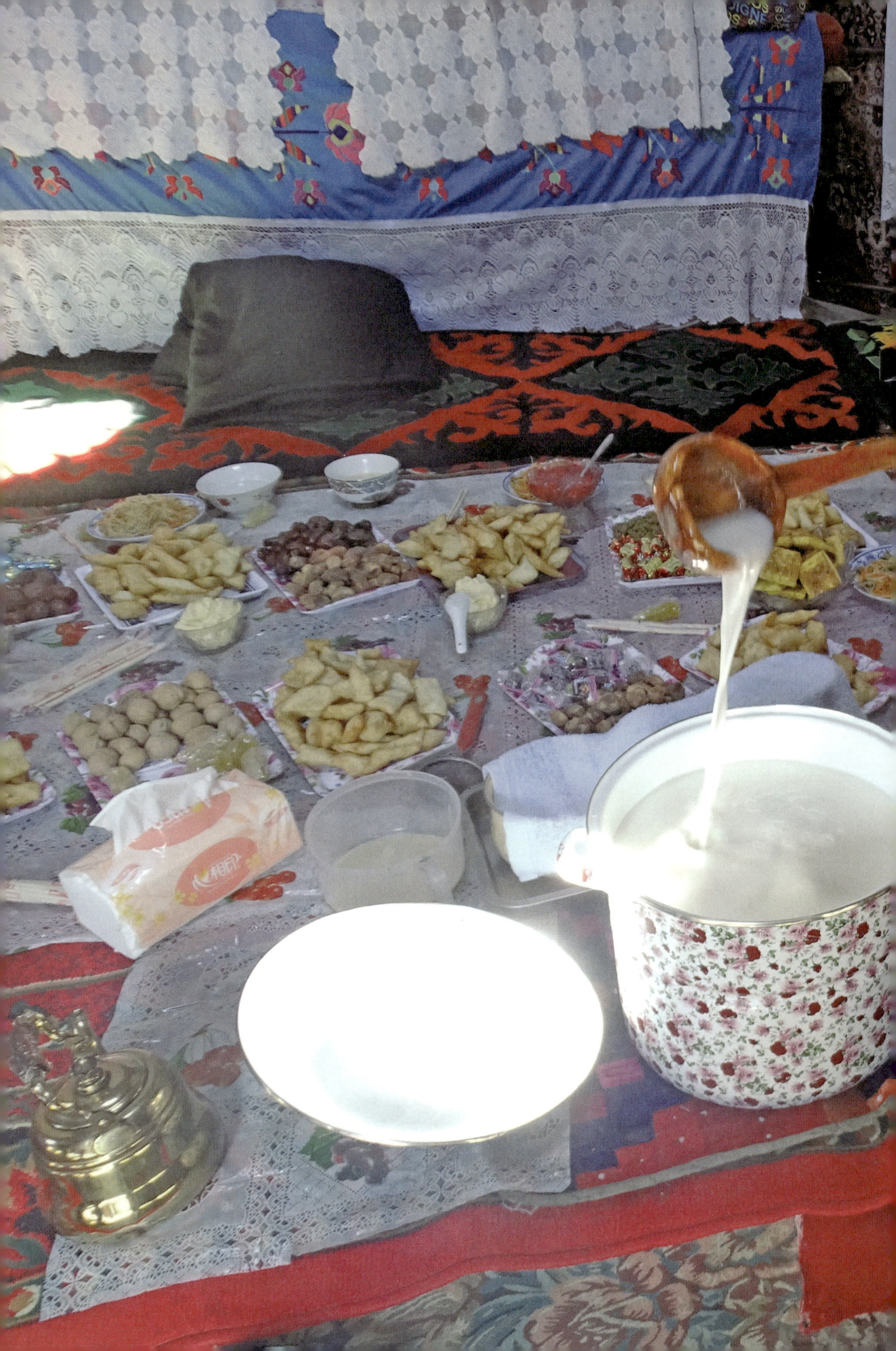

肆·饮食

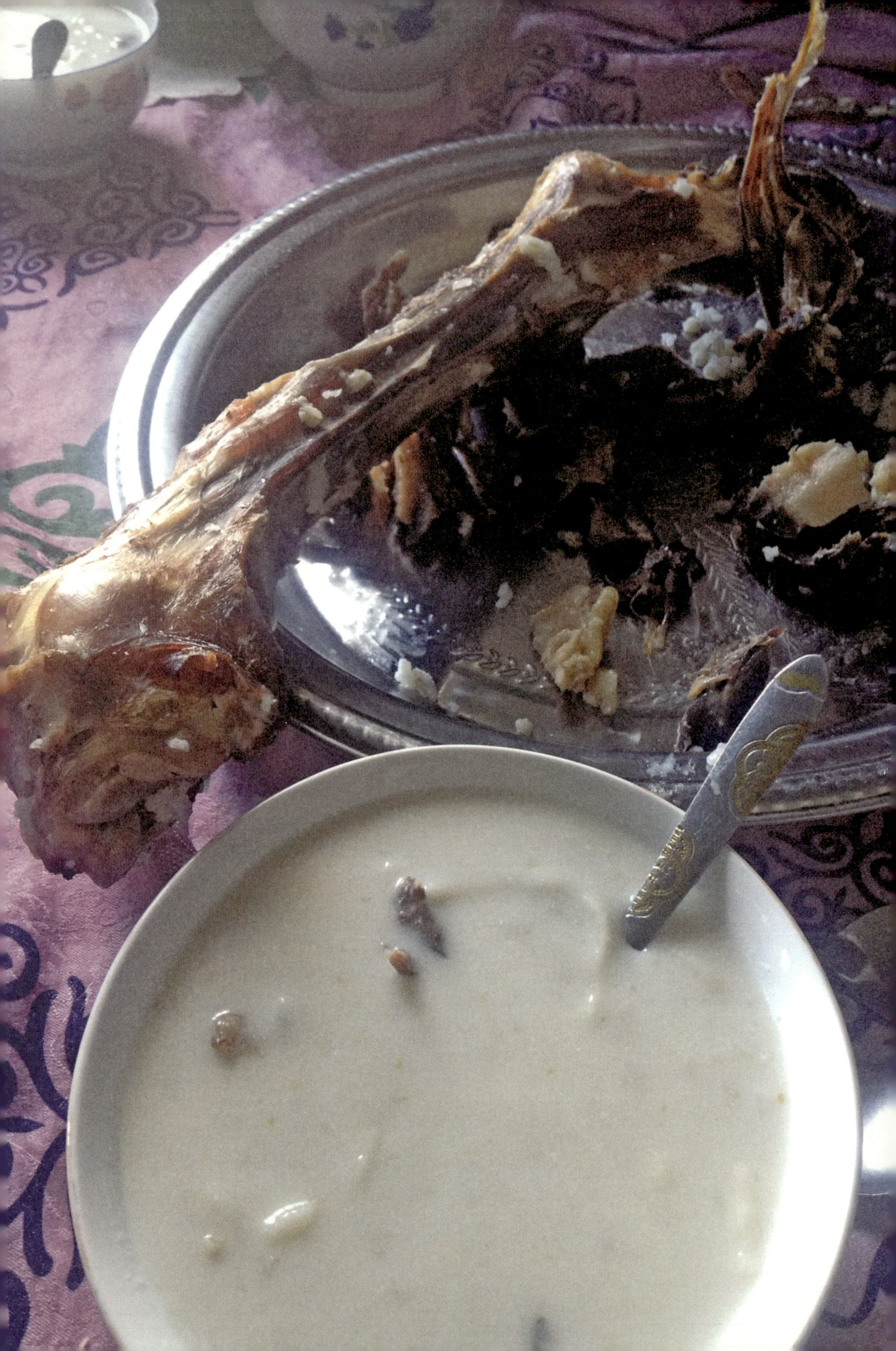

肉食和奶制品是哈萨克族饮食的一大特色。哈萨克人以游牧为生，家家户户畜养牛羊，在夏牧场游牧时，牧民早上驱赶牲畜外出放牧，黄昏时分赶着牛羊回家归圈。这时饱食牧草的母畜奶水充盈，家中的妇女会手提奶桶为其挤奶，牛奶制成奶茶、奶酪、酸奶、酥油和奶疙瘩等美味的奶制品。

肉食是哈萨克人必不可少的食物，牧民宰杀牲畜后，切成肉块，放入锅中用清水炖煮，待开锅时撒入食盐，做成美味的清水炖肉，再撒入洋葱片一起食用，肉香四溢，令人垂涎欲滴。剩下的肉块则用盐涂抹后风干或熏制，以待下次食用，也是别有一番风味。哈萨克族最有特色的肉制品当属熏马肠，人们将马宰杀后，把马肉切碎灌入马肠中，然后点燃松枝熏制，其味道咸香适口，令人回味无穷。

哈萨克人一日三餐。由于从事畜牧业，牧民在早上吃过早饭后便驱赶牛羊群外出放牧，待牲畜吃饱后傍晚时分再回家。因此哈萨克人的早餐和午饭比较简单，一般以馕、油馃子与喝奶茶为主。晚上是牧民们劳累一天后相聚的时候，时间较为充裕，待清点数量，使牛羊归圈后，哈萨克妇女会制作纳仁、手抓肉和抓饭等丰盛的美食，犒劳已辛苦了整整一天的牧人。每逢传统民族节日，哈萨克妇女还会制作馓子、油馃子和油饼等食品，在桌上摆满水果和甜点，用来招待来访的宾客。

以前，由于从事畜牧业，草原上的牧民很少食用蔬菜，身体中所需的微量元素和维生素大都是从奶茶的茶叶中汲取，因此有"宁可一日无肉，不可一日无茶"的说法。现在随着牧民定居和时代的发展与进步，蔬菜供应方便，哈萨克人受周围人群的影响也开始烹饪凉菜和炒菜，菜肴味道独特，深受牧民喜爱。

一 主食

4-1 ◆那拉提

نان [nan] "馕"

由馕坑或铛烤制的发面圆饼。哈萨克式馕圆厚松软，是哈萨克人一日三餐中必不可少的主食。和面时在面粉中加入牛奶和盐，使用酵母制成发面，揉成面团后切成块，将面块做成四周较厚、中间略薄的圆饼，用印花模具在面饼中间压制花纹，然后将面饼平铺在馕托上，探入馕坑，贴在坑壁上，高温烘烤二十分钟左右，再用铁钩将其钩出。刚出炉的馕饼松软酥脆，香气扑鼻，口感极佳。哈萨克人开坑烤馕时，会一次烤制可供一个星期食用的馕，待馕饼凉透后，将其放在食品箱或冰箱中保存，食用时用小刀割成小块或用手掰成数块，在奶茶中泡软后食用。

باۋىرساق [bawɤrsaq] "油馃子"

用羊尾油炸制的菱形面食。在面粉中加入牛奶、盐和好制成发面，将面块擀成薄皮，切成菱形小块，放入羊油中炸，炸至金黄后出锅。油馃子皮薄中空，松软劲道，耐储存，不易变质，是哈萨克人在盛大节日时宴会上必备的面食。

4-2 ◆新源县城

4-3◆新源县城

4-5◆新源县城

شەلپەك [ʃelphek] "油饼"

用羊尾油炸制的圆形面食。油饼由面粉加入牛奶和盐和好发面后经羊油炸制而成，松软酥脆，是在盛大节日或宴会上用来款待老人和贵宾的传统面食。在亲人远行或祭奠亡灵时，哈萨克人也会炸制油饼用于馈赠或祭祀。

مانتى [mænthɨ] "包子"

用死面包裹羊肉丁蒸制而成的面食。哈萨克式包子色白油亮，皮薄如纸，肉嫩油丰。选用上好的羊肉和羊尾切成肉丁，掺入洋葱碎粒、胡椒粉、孜然和盐水制成馅，再将面和好，揉成面团后，切成小块，擀成薄皮，包入肉馅，放入笼屉中蒸熟。

لاڭمان [laŋman] "拌面"

炒菜与拉面拌制的面食。拌面是新疆各族人民尤为喜爱的饭食。做拌面时，为使拉面更为劲道，和面时加入少量盐，揉好面团后切成小块，在面块和手上抹油后搓成粗条码放好，醒上片刻，然后将面块抻拉成条，放入水中煮熟，煮面的同时将羊肉、肥油、洋葱和辣椒等食材做成炒菜，等面出锅后，将炒菜拌入面中，再滴入香醋，搅拌后食用，面香味、菜香味聚于一处，香气扑鼻，令人垂涎。

4-4◆新源县城

4-6 ◆新源县城

بەسبارماق [besbarmaq] "手抓羊肉面"

又称[narɣn]"纳仁"。由羊肉、羊尾、土豆和切面等食材煮制而成，是哈萨克人日常食用的传统美食之一。羊肉切割成块后与土豆一起放入锅中炖煮，煮熟后在肉汤里煮制切面，捞出后盛在圆盘中，将煮好的肉块和土豆摆于其上，主人手持小刀将肉块和土豆切割成小块，撒上洋葱，然后用手抓取食用。

پالاۋ [phalaw] "抓饭"

用大米、胡萝卜和肉块等食材焖制的美食。抓饭的制作过程并不复杂，先将大米用水浸泡半个小时，然后在锅中放油，待油熟后放入洋葱炒出香味，翻炒羊肉，再加入胡萝卜丝，倒入清水煮制十分钟左右，将大米均匀地撒在肉块上焖制，熟后即可食用。

4-7 ◆新源县城

4-8 ◆塔勒德

كەسپە كوجە [khesphe khødʒe] "汤面"

用肉汤煮制的带汤面食。将羊肉、羊尾、西红柿、洋葱和辣椒在锅中炒熟后，倒入清水和土豆块，煮制成汤，再倒入切面，撒入咸盐，等面熟后，连面带汤一同盛入碗中食用。

ٴبیدای كوجە [bɨjdæj khødʒe] "麦粥"

用小麦煮制的粥。哈萨克人将小麦去壳后用杵臼捣砸成碎末，放入锅中加入清水，再加入肉块、奶疙瘩或牛奶等煮成"麦粥"，口感绵软，麦香浓郁，是哈萨克族的传统美食。

4-9 ◆新源县城

二 副食

4-10 ◆新源县唐加勒克纪念馆

تۇكتەلگەن ٴبيداي [thyktelgen bɨjdæj] "麦片"

用杵臼捣砸小麦制成的麦片。哈萨克人将成熟的小麦放入木臼中用木杵捣成麦片，然后放入锅中炒熟，随后在炒好的熟麦片中加入酥油，搅拌后食用，香味浓郁，口感极佳。熟麦片不易变质，平时放在袋中挂于墙上，可随时取用。

تارى [tharɣ] "炒米"

将糜子粒去壳后，在锅中炒制而成的美食。炒米色泽金黄，香气浓郁。哈萨克人一般将炒米与酥油搅拌后食用，口味极佳，也可放于奶茶中泡食。

تالقان [thalqhan] "炒面"

将炒熟的小麦、大麦或豆类放于木臼中，经木杵捣砸、研磨制成的粉末。炒面保质期较长，不易发霉变质，并且携带方便，非常适合哈萨克牧民食用，人们转场迁徙时，女主人都会提前制作炒面备用。

4-11 ◆新源县唐加勒克纪念馆

4-12 ◆新源县唐加勒克纪念馆

جەنت [dʒent] "饯特"

用炒麦粉、炒米、奶酪粉、羊尾油、白砂糖和葡萄干等七种材料炒制的美食。香甜可口，营养价值较高，一般用来招待宾客，是哈萨克人在盛大节日和宴会上必不可少的食物。

4-13 ◆ 新源县唐加勒克纪念馆

قىمىز [qhɤmɤz] "马奶酒"

发酵的马奶。夏秋时节，哈萨克妇女将马奶挤出后，盛放在马奶皮囊中，掺入酵引后，用捣棍上下捣拌，一般经一昼夜的发酵，就可酿制出口感醇厚、芳香四溢的马奶酒。马奶酒种类繁多，按照发酵的时间可分为初酿马奶酒、两昼马奶酒、三昼马奶酒、五昼马奶酒；将熏马肠放于皮囊中酿制的马奶酒称为香甜马奶酒；用深秋时挤的马奶酿制的马奶酒称为黄马奶酒；酿制马奶酒的酵引称为[qhor]"霍热"，由熏马肠中的肋条、马颈骨、酸奶疙瘩及麦粥混合马奶发酵而成。饮用马奶酒前，女主人将马奶酒倒在圆形高脚木盆或瓷锅中，用长柄木勺反复搅动，使马奶与沉淀物充分混合后，再盛到木碗中供客人饮用。

4-14 ◆ 坎苏

4-15 ◆新源县城

ۇىز [uwɤz] "初乳"

刚产崽的雌畜最初的乳汁称为初乳。初乳香甜浓稠，色泽发黄，富含油脂，营养价值较高。哈萨克主妇挤好初乳后，会将初乳灌注在风干的牲畜大肠中，扎口系紧后放在水中炖煮，也可倒入肉汤中，使初乳凝结成块，称为[uwɤz qhatɤrɤw] "蒸初乳"，蒸好的初乳松软绵滑，口感极佳，一般用来招待尊贵的宾客。

ايران [ajran] "酸奶"

经发酵制成的黏稠的白色乳制品。在羊羔肚中灌注乳汁制成酵引，将牛奶煮沸，待温度降至温热后，在牛奶中掺入酵引，将盛有牛奶的盆子包裹起来放到温暖处，约七八个小时，酵引中的乳酸菌就可使牛奶发酵成酸奶，饮用时将酸奶搅匀，若加入蜂蜜或白砂糖则口感更佳。酸奶本身也可做酵引来发酵制作酸奶。将生奶倒入发酵皮囊，用捣棍不断捣拌，使油脂分离，黄色的油脂会上浮在表层，刮取后可制成酥油，剩下的就是[irkhit] "脱脂生酸奶"。酸奶是哈萨克族传统的美味饮品。

4-17 ◆新源县城

4-16 ◆阿勒玛勒

قىزىل ىرىمشىك [qhɤzɤl irimʃik] "红奶酪"

色泽红润的奶酪。春季，哈萨克主妇将早夭的绵羊羔肚取出洗净后灌注乳汁发酵，制成可使熟乳凝结成块的酵引。然后在锅中煮牛奶，待牛奶煮熟晾至温热时，将酵引倒入其中，锅中的牛奶会逐渐结成乳块，此后再继续添火，将乳块中的水分熬干，制成湿奶酪，将奶酪晾干后，就可以制成香甜酥软的红奶酪了。

كىلەگەي [khilegej] "鲜奶油"

新鲜畜奶表层凝集的奶油，或用奶油分离器从生鲜奶中分离出的奶油。在盛夏时节，母畜奶量较大，哈萨克主妇挤完奶后将其倒入木桶中静置，约一两个小时后，畜奶表层就会凝结成一层鲜奶油，积攒起来的鲜奶油可以倒入皮囊中经搅拌使油脂分离制作成美味的酥油，此外，鲜奶油还可以涂抹在皮肤上，具有防止干裂的护肤效果。

4-18◆新源县城

قايماق [qhajmaq] "奶皮"

煮熟的畜奶表层凝结成的最上层就是奶皮。将畜奶煮沸后静置一段时间，畜奶表层会凝结出一层厚厚的奶皮，熟奶皮富含油脂，奶香浓郁，是畜奶的精华，可以抹在馕上，也可以放入奶茶中做成美味可口的奶皮茶。

4-19◆坎苏

ساری مای [sarɤ maj] "酥油"

从牛奶或羊奶中提取出的黄色固态油脂。酥油的制作方法较多，最常见的是从鲜奶油中提取。将油脂取出后，用手挤出水分和杂质，掺入食盐调味，便可制成酥油。从酸奶中也可以提取酥油。不同的畜奶制成的酥油色泽与口感各有差异，牛奶制成的酥油呈金黄色，绵羊奶制成的酥油呈淡黄色，而用山羊奶制成的酥油则呈乳白色。

4-20 ◆坎苏

قاتىق [qhatɤq] ｜ قۇرت [qhurt] "酸奶酪"

由酸奶制成的湿奶酪。深秋时节，牧民把脱脂酸奶煮沸，用滤袋滤除黄汁后，撒入食盐，装在羊肚腔中扎口密封，保持水分和湿度，等到冬季的时候取出湿奶酪，放在肉汤或粥中食用。

4-23 ◆新源县城

4-21◆新源县城

قورت [qhurt] "酸奶疙瘩"

将酸奶煮沸滤水后用手攥制或加工而成的奶制品。夏秋时节，母畜产奶量大，牧民们将畜奶制成酸奶后提取油脂，将剩余的脱脂酸奶放入锅中煮沸，倒入滤袋中滤除黄汁，用手攥成奶疙瘩，然后将其整齐地摆放在芨芨草席上晾干。酸奶疙瘩口感酸爽，质地较硬，不易变质，是哈萨克人出门远行、迁徙放牧时随身携带的干粮，有"六块奶疙瘩就是一顿饭"的说法。分为[mɑj qhurt]"全脂酸奶疙瘩"和[khøk qhurt]"脱脂酸奶疙瘩"。

4-22◆新源县城

4-24◆那拉提

ساۋمال [sawmal] "鲜马奶"

刚挤出的新鲜马奶被认为有清理肠道、促进消化的功效，当感到肠胃不适时，牧民会饮用鲜马奶用于治疗和缓解病痛。皮囊中马奶酒上层的黄汁，当地人也认为有此功效。盛放在皮囊中的马奶酒，沉积物下沉，黄色的马奶汁水会浮在上层。当牧民肠胃积食、不消化时，会饮用马奶酒黄汁来缓解。

سۋتتى شاي [sytthɨ ʃaj] "奶茶"

用熟牛奶、浓茶、食盐和开水冲制而成的茶饮。奶茶口感醇厚、奶香浓郁，是哈萨克人一日三餐必不可缺的饮品。以前，牧民从事牧业劳动，主要以肉食为主，饮用含食盐的奶茶可以帮助消化，并补充必要的微量元素。哈萨克人制作奶茶的过程十分讲究，先用小勺将煮熟的牛奶舀入碗中，倒入泡好的浓茶，撒入少许食盐，最后倒上开水冲成奶茶。奶茶中也可加入黄糖，做成甜品。

4-25◆新源县城

قايماقتى شاي [qhɑjmɑqthɤ ʃɑj] "奶皮茶"

掺有熟奶皮的奶茶。在盛大节日或贵客来访时，哈萨克主人一般会在冲制奶茶时掺入熟奶皮，制成奶香浓郁、口感醇厚的奶皮茶招待宾客。

4-26 ◆ 新源县城

كەسەك شاي [khesek ʃɑj] "砖茶"

经蒸压成型，状如砖块的茶叶。砖茶不易变质，形状规则，便于携带和运输，十分符合哈萨克族游牧迁徙的生活方式，逐渐成为哈萨克牧民日常生活中的必需品。

4-27 ◆ 坎苏

4-28◆新源县城

كامپيىت [khæmphijt] "糖果"

  哈萨克人喜爱甜食，对巧克力糖尤为喜欢。每逢重大节日和盛大宴会，糖果必不可少。当举行婚礼或重大活动时，由几位年轻姑娘拉着盛满糖果的长布，一位哈萨克老年妇女身着盛装，向人群抛撒糖果，寓意播撒甜蜜与幸福，称为[ʃaʃɯw]"恰秀"。

بادام [badam] "巴旦木"

  炒制的扁桃仁。生巴旦木仁甘甜可口，经炒制后香气扑鼻，香甜酥脆，是深受哈萨克人喜爱的干果。

4-29◆新源县城

4-30 ◆新源县城

باقالي [baqhalɤj] "巴哈力蛋糕"

一种松软可口，呈深咖啡色的甜点，由面粉、羊尾油、鸡蛋、蜂蜜、砂糖、可可粉、牛奶、核桃仁、葡萄干、瓜子等制成，是一种源于俄罗斯的美味糕点，现在已成为哈萨克人在节日、宴会上必定要摆上桌的精美点心。

بۇراما باۋىرساق [burama bawɤrsaq] "麻花油馃子"

将鸡蛋、砂糖、牛奶和食盐和到面里用羊油炸制的面食。

4-31 ◆新源县城

4-32◆新源县城

ساڭزى [saŋzʁ] "馓子"

用鸡蛋、芝麻、砂糖和面粉等制作成型后用羊油炸制而成的一种条状面食。馓子色泽黄亮，香脆可口。过节时，哈萨克女主人都会提前炸好馓子，并将扇状的馓块围成圆形，层层摞起，摆成高达四五层的[thizilgen saŋzʁ]"盘馓"。馓子的制作方法较为简单，鸡蛋、芝麻、食用油、牛奶和入面中揉成面团，抹油软化后将面团搓成食指粗细的长条盘在盆中，使面稍醒后抻成拉面盘绕在手腕处，另一人手持两根红柳枝撑着两端，放入羊油中炸制，油炸时先依次将拉面两端入油初炸，再将拉面中部放入油中微炸，然后将撑挑拉面一端的红柳枝向上翻折成扇形，再炸熟即可。

ماحوركا [maχorkha] "莫合烟"

用碾碎的黄花烟草茎秆手工炒制而成的颗粒状烟。黄花烟草颗粒粗糙、烟劲较大，是由俄罗斯传入新疆的特产烟草，哈萨克牧民将黄花烟草晒干磨碎后，用报纸等易燃的薄废纸片做烟纸，卷上一小撮烟粒，用口水封住做成手工香烟，卷好的也称莫合烟。

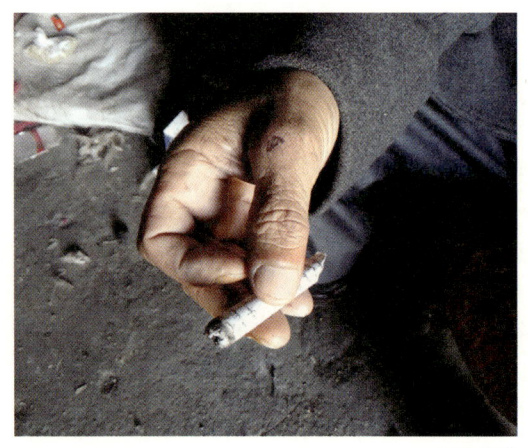

4-35◆坎苏

4-33◆新源县城

پىراندىك [phɤrandɨk] "饼干"

哈萨克式的饼干一般由女主人亲手烤制而成，节日临近时，主妇们将鸡蛋、牛奶、蜂蜜和入面中揉成面团，切成小块用铁制模具压成面坯，在上面撒上白糖和芝麻后，放入烤箱中烤成香甜酥脆的饼干。

ۋارېنە [varɨjne] "果酱"

用水果制作的糊状食品。杏酱是当地最有代表性的果酱。伊犁地区盛产杏子，当杏子成熟时，哈萨克妇女会选用新鲜的杏子制作杏酱，切开去核后将果肉洗净，均匀撒上白砂糖腌制一夜，取出后倒入锅中用小火熬制，待汤汁黏稠后掺入麦芽糖，再继续熬制十分钟便可制成酸甜开胃的杏酱。此外还有[byldɨrgen varɨjne] "草莓酱"。盛夏时节，当草原上的草莓野果成熟后，哈萨克妇女将其采摘后用来熬制草莓酱，抹在馕上食用。

4-34◆新源县城

三 菜肴

4-36 ◆坎苏

ەت سۇرلەۋ [et syrlew] "风干肉"

哈萨克牧民宰杀牛、羊或马匹后,将肉块分割成小块,撒上食盐揉搓腌制后挂置在阴凉处使其自然风干,制成咸香适口的风干肉。

جايا [dʒaja] "马颈肉"

马匹颈部的肉。马颈肉煮熟后肥嫩柔韧,富含营养,一般用来招待尊贵的宾客。

4-38 ◆新源县城

4-37 ♦坎苏

قازى [qhazɤ] "熏马肠"

熏制的肋骨肉灌制的马肠。哈萨克人宰杀马匹后，把马的肋条骨分开，取出马肠洗净后，将肋条和切碎的马肉撒上食盐和胡椒等作料一同灌入马肠，两端用细绳扎口系紧，然后挂在阴凉的高处，下方点燃松枝或红柳枝，制成美味的熏马肠。牧民们一般将做好的熏马肠用天然泉水煮熟后切片搭配洋葱食用。熏马肠是极具民族特色的哈萨克传统肉制品。

قويىرىق باۋىر [qhujrɤq bawɤr] "酸奶羊尾肝"

用羊尾肉、羊肝和酸奶制作的美食。将羊尾和羊肝煮熟后，用小刀切割成拇指肚大小的肉块，倒入盆中，然后加入滤除汁水的浓稠酸奶，搅拌混合后制成口感柔韧、酸咸爽口的酸奶羊尾肝。

4-39 ♦坎苏

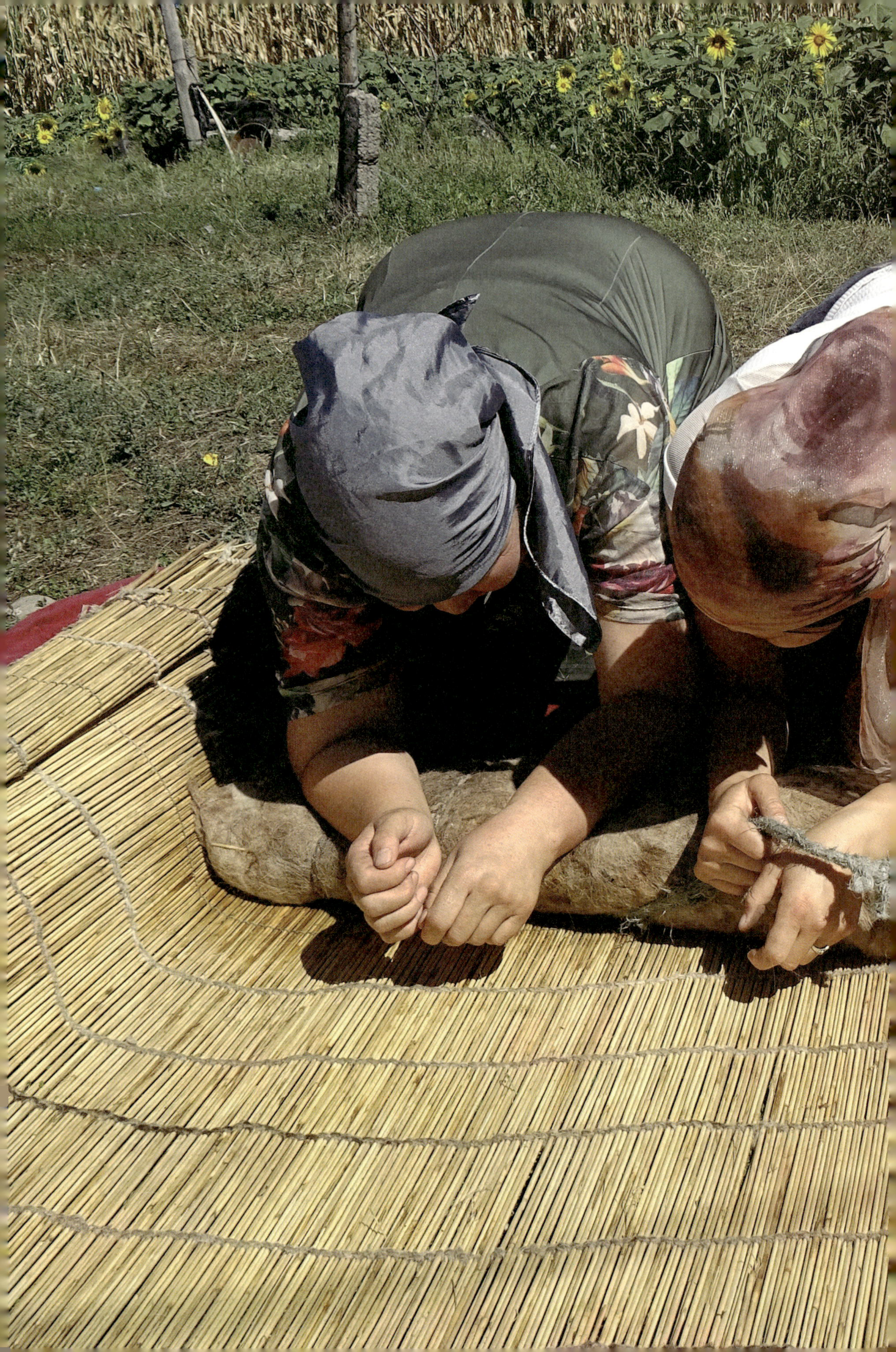

伍·农工百艺

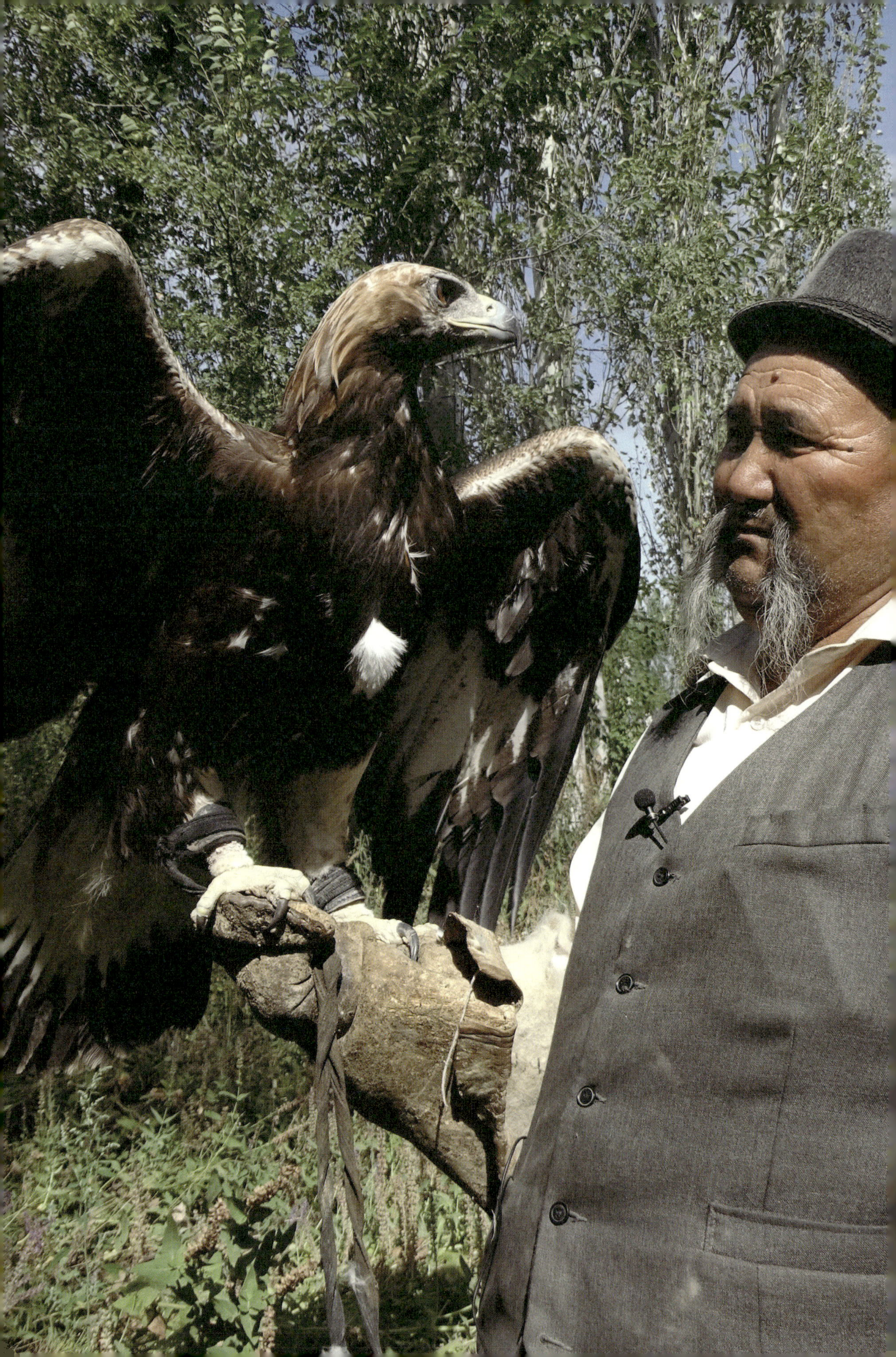

哈萨克人传统上以游牧为生，逐水草而居，是一个永远在路上的民族。正如迁徙的候鸟，哈萨克人也会随着季节的变换，在夏牧场与冬牧场之间往来流转。每到气温回暖、牧草返青的时候，在冬牧场度过一个冬天的牧民们都会携带家当，打包行李，带着毡房驱赶牲畜到夏牧场放牧，夏牧场气候凉爽，水草肥美，在这里牛羊会被喂养得膘肥体壮。当到 8 月中旬，草原上的牧草鲜嫩多汁，已经完全长好，这时牧民们会赶在天气变冷和牧草枯黄之前，用扇镰收割牧草，捆成草包后运往冬牧场作为牲畜冬天的饲料，这一活动称为 [søp ʃabɤw]"打草"。9 月下旬，天气转冷，在天降大雪之前，牧民们拆解毡房，收拾好行李物品，经过长途跋涉，再将牛羊赶回避风防寒的冬牧场过冬。在草原上生活的儿女，就在这牧场之间往来迁徙，循环往复。

悠久的游牧历史，催生了一系列与牧业生活有关的行业。毛毡是人们在草原上搭建毡房，赖以防寒保暖的生活必需品，因此擀制毛毡成为每个哈萨克主妇必备的技能，经过洗羊毛、弹毛、卷毡、踢毡、擀毡、熟毡和晾毡等多道工序才能制作成一张毛毡。擀毡过程较为复杂，制作毛毡时，婆媳妯娌以及街坊邻里的主妇们都会热情地前来帮忙，大家在辛苦的劳动中欢声笑语，互帮互助，擀毡也成为哈萨克妇女们相互增进感情的一种重要方式，在哈萨克人中还衍生了擀印花毡、缝制花毡等制毡活动。除擀毡外，哈萨克族还有钉马掌、编皮鞭、制作马具和木器等众多的传统手工艺，但是随着时代的发展，一些古老的手工艺已经面临失传。

从 20 世纪七八十年代开始，新源哈萨克人已逐步实现定居，牧民除了定居点的房屋外，还划分有自己的牧场和耕地，人们逐步由过去单一的畜牧业向半耕半牧转变。现在，一部分牧民将草原上的牛羊和马匹让他人（[baqtaʃɤ]"代牧人"）代为管理并给予薪金，而耕地则大都使用大型农业机械播种和收割，农耕的效率不断提高，使牧民有更多的时间和精力从事其他行业的劳动。

如今，哈萨克人与时俱进，开办服装加工厂和毡房制作合作社，将传统手工艺与现代化生产相结合，生产的产品远销各地，为传播和传承哈萨克族的文化、带领牧民奔向小康生活插上了腾飞的翅膀。

一 农事

5-1 ◆塔勒德

قي [qhɤj] "羊板粪"

当牛羊傍晚归圈后，会在圈中留下畜粪，经牛羊踩踏，日积月累，厚厚的畜粪会均匀地覆盖在畜圈的地面上，所以每隔一段时间，哈萨克人就会手持铁锹将畜粪铲成板块状，堆积起来晒干后，用作生火做饭的燃料或做上好的肥料。

جوگەری ورۇ [dʒygeri orɤw] "割玉米秸"

当路面较窄，大型收割机无法进入时，掰完玉米后，人们一只手握紧玉米秆的中部，另一只手持小镰刀割断茎秆的底部，将玉米秸割倒后堆在一处，打捆后用拖拉机运走做饲料或燃料。

5-2 ◆坎苏

شوپ شابۇ [ʃøp ʃabɤw] "打草"

每年8月中下旬，牧草已经完全成熟后，哈萨克牧民会手持扇镰收割牧草，晒干后运到冬牧场的居住点堆成草垛，供牲畜冬天食用。过去，割草的主要工具是扇镰，现在则使用大型的割草机将牧草收割后直接打成方形草包，效率极高。

5-3◆坎苏

شوپ ماياسى [ʃøp majasɤ] "草垛"

哈萨克牧民将收割的牧草在院中或房顶上堆成的草堆。以前人们用扇镰割的牧草草垛呈圆锥形，而现在用割草机打成的草包堆起的草垛大都呈规则的方形。

5-4◆坎苏

5-5 ● 那拉提

كوشۇ [khøʃiw] "转场"

依据牧草生长周期，有序放牧转移草场，按照季节每年进行三四次循环轮牧的过程称为转场。哈萨克族是行走在路上的民族，每当春夏之交，新源各地的夏季牧场雨水充沛，牧草丰盛，有利于牲畜上膘育肥，此时牧民们便会驮着行李，赶着牛羊，长途迁徙到广袤

5-6 ◆那拉提

开阔的夏牧场放牧生活。当深秋时节，牧草枯黄、天气转冷时，牧民又会携家带口，驱赶畜群翻山越岭，回到山谷中温暖避风的冬牧场。漫长的转场之路不仅山路崎岖、食物缺乏，还经常有狼群出没，牛羊冻死摔伤、马匹离群走失时有发生，对牧民来说，每次转场都是巨大的考验。

新源哈萨克语 伍·农工百艺

5-7 ◆阿勒玛勒

قوي قىرقۋ [qhoj qhɤrqhɤw] "剪羊毛"

每年春夏之交，绵羊毛较长时，哈萨克人都会用羊毛剪为绵羊剪毛。剪羊毛之前，先将绵羊放倒，用细绳把四蹄绑住，用羊毛剪自羊颈部开始，一手翻压羊毛，一手顺向剪毛，剪完一侧再剪另一侧。

بىيە ساۋۋ [bije sawɤw] "挤马奶"

夏秋时节，育有马驹的母马产奶较多，牧民一天可以挤四五次马奶，用于酿制马奶酒。挤奶时为防止母马伤人，需先用绊索将后腿绑住，使小马驹喝上一两口奶后，哈萨克主妇将马奶桶挽在臂肘处，单膝跪地，握紧母马乳房，上下捏挤，将马奶挤至奶桶中。

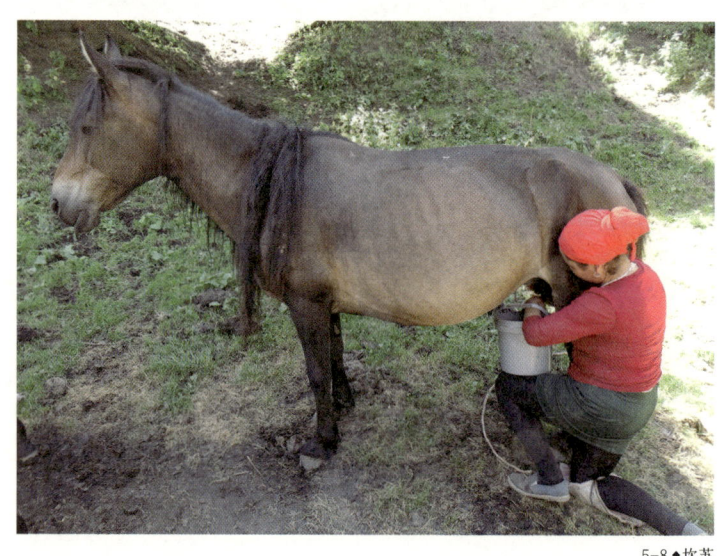

5-8 ◆坎苏

二 农具

اعاش كۆرەك [aʁaʃ ʒaʁa] "木锹"

5-9◆新源县第一中学

头部扁平宽大的木制农具，通体由木料削砍而成，秋季收获时用来铲粮扬场，冬天时则可用来铲雪。

مويىن اعاش [mojɤn aʁaʃ] "扁担"

杆体细长扁平，两端装有连环铁钩的木制用具。两端的铁钩可以用来挑物品，是哈萨克牧民常用的挑水工具。

5-10◆新源县第一中学

5-11◆那拉提

استىق سالاتىن شەربەك [asthɤq salathɤn ʃerbek] "粮食箩筐"

用竹篾或藤条编制的圆口容器，用于盛放小麦、玉米、土豆和红薯等。

قي شەربەك [qhɤj ʃerbek] "粪筐"

藤条编制的圆口容器，用于装运牛、羊等牲畜的粪便。

5-12◆那拉提

5-13 ♦ 那拉提

اربا [arba] "板车"

运货的木制大车。没有车厢，两侧有高大的木制车轮，前端两侧设有粗长的车把，需要运输货物时，在车把之间拴系车绊，一人站在车前，两车绊固定在两肩部，然后手持车把，向前拉车。当货物量大沉重时，在马颈上套上马轭，固定在车把上，用马拉车。现在少见。

جوۋگەری ٴشوبىن وتاعىش [dʒygeri ʃøbin otaʁɤʃ] "玉米除草培土车"

为玉米除草培土的铁制两轮车。车的前部通过木轭固定在犍牛身上，在畜力的牵引下，后部的培土犁等装置可将田地垄沟间的土壤翻向两侧，覆压在玉米的根部，不仅可以提高玉米的抗倒伏能力，还可除去地中的杂草，并在田地中形成沟垄，便于灌溉和排水。

5-14 ♦ 新源县哈萨克族文化遗产展览馆

5-15 ◆新源县第一中学

شانا [ʃana] "爬犁"

在雪地里拉运物品的木制运输工具。爬犁由木材制作而成，底部用于滑动的两根长木前端上翘，中间以横木连接，上面安装有木架，可以载人或装载物品。使用时在前端两侧安装长木把，固定在马颈部的木轭上。大型的爬犁由马拉，而小型的爬犁则可由几只狗来拉动。爬犁是以前哈萨克人在冬季重要的交通和运输工具。

دوعا [doʁa] "牛轭"

耕地或套车时套在牛颈上的曲木，是牛犁地时的重要农具，与犁铧配套使用。牛轭状如"人"字形，约半米长，上面凿孔穿有绳索，可以固定在牛身后的木犁上。

5-16 ◆新源县第一中学

ىاقشرگۇڭ [ɣŋɣrʃaq] "牛鞍"

架在牛背部的"人"字形木架，中间以木棍相连，牢固稳定。人们将牛鞍固定在牛背部，再在两侧挂物品。

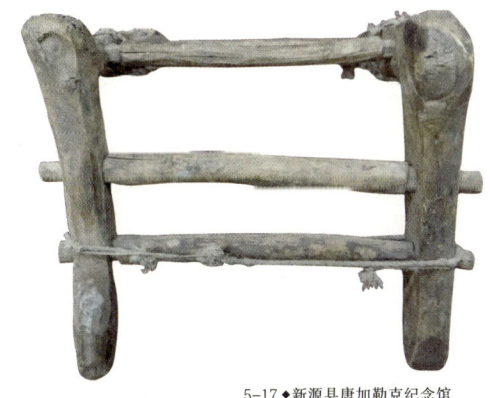

5-17◆新源县唐加勒克纪念馆

ىعلاش [ʃalʁɣ] "扇镰"

专门用于割草的大镰刀。是哈萨克牧民8月中旬打草的主要农具，刀片前端弯曲，长约半米，镰刀木把长约170厘米，木把中间嵌有"U"形的曲木作为抓手。割草时，牧民右臂肘向上一手握紧镰刀长木把的上部，左手握住曲木柄，两手同时用力割牧草。

5-18◆塔勒德

ىداج [dʒadɣ] "铡刀"

用来切碎牧草、小麦秸秆和玉米秸秆的农具。铡刀由刀片和底槽两部分构成，底槽由整木凿挖而成，边缘镶有铁片，刀片前端有孔，用铁棍固定在底槽的前部，刀片可上下活动。两人配合使用。

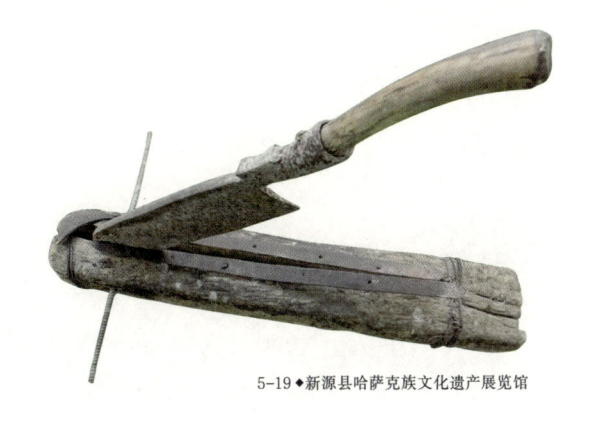

5-19◆新源县哈萨克族文化遗产展览馆

5-20◆那拉提

دان ەلەك [dæn elek] "谷筛"

可将谷粒中掺杂的谷壳和杂物筛出去的农具。人们在扬场吹壳之后,还会将谷粒放入筛子中筛一遍,经过细网谷粒会掉落下去,而谷壳等较大的杂物则会留在筛子中。

شاڭتاس [ʃaŋthas] "石磙"

通过碾轧使谷物脱粒的石制农具。外观似八棱柱,两端中央有正方形磙眼,是打谷场常见的脱粒工具。使用时将长方形木架套在石磙上,两端用木棍穿过木架两侧的圆孔插入磙眼中,将石磙置于平铺的谷物之上,驱赶牛、马来回拖拽,使谷物脱粒。

5-21◆新源县第一中学

ورە [øre] "奶疙瘩晾架"

用于摆放和晾晒酸奶疙瘩的木架和芨芨草席。牧民在草原上用树枝搭建木架,然后在木架上铺上芨芨草编制的草席,将奶疙瘩整齐地摆放在上面晾晒,去除水分。

5-24◆那拉提

5-22◆新源县唐加勒克纪念馆

دان جارمالاعىش [dæn dʒarmalaʁɤʃ] "石磨"

将粮食磨制成粉的石制工具。图5-23这种石磨较为原始，由磨石和磨盘两部分构成，使用时双手握磨石两端，将已脱壳捣碎的小麦、豆类等谷物来回用力碾磨成粉。[døŋgelek thijirmen thasɤ] "圆形石磨"（见图5-22）由上下两扇石磨盘构成，上扇磨盘较小，中间留有供粮食下漏的圆孔。两扇磨盘接触面凿有用来磨碎谷粒的粗糙磨齿，磨盘之间以铁轴连接。上扇磨盘侧边有把手，使用时手持把手转动磨盘，将谷物研磨成细小的粉末。

5-23◆新源县哈萨克族文化遗产展览馆

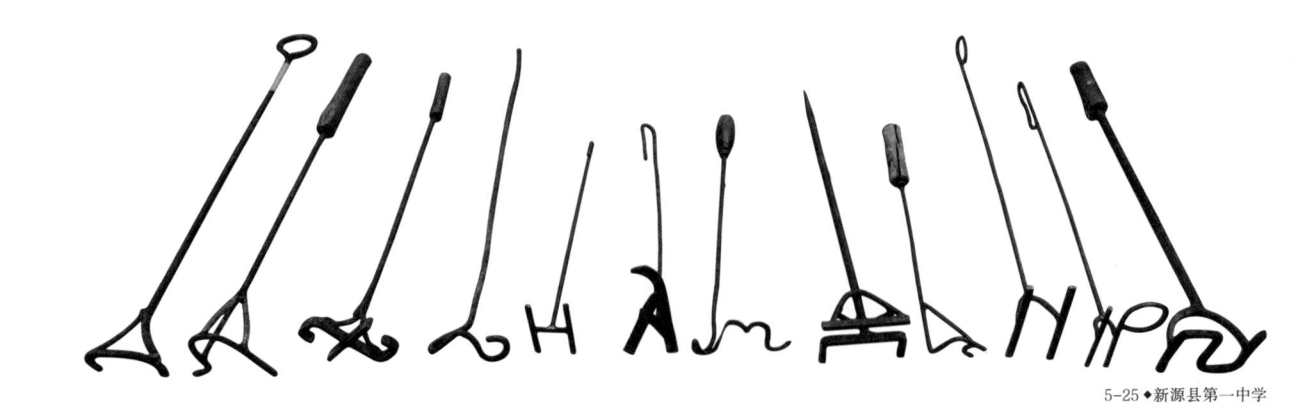

5-25 ◆新源县第一中学

تاڭبا تەمىرلەر [thaŋba themirler] "印记烙铁"

在牛、马后臀下部烫上烙印的烙铁。哈萨克人以放牧为生，为防止牲畜混淆，人们会将印记烙铁用火炭烧红之后，在牛、马等大型牲畜的后臀处烙上记号。

تەمىر اتتاراق [themir attharaq] "铁马梳"

梳理马匹皮毛的铁梳子。铁马梳由两面梳片和铁把手构成，梳齿稍密。经过一段时间，马匹皮毛上会有泥浆和掉落的毛发，哈萨克人会用铁马梳将其梳掉，以保持马匹的卫生和健康。用铁马梳梳马时，需从马颈部开始，沿着马毛生长的方向缓慢梳理至臀部，防止伤及马匹的皮肤。

5-26 ◆新源县第一中学

قورىق [qhurɣq] "套马杆"

5-27 ◆那拉提

牧马时用来套住烈马的长木杆，木杆顶端的毛绳拴有活扣。

قاتتاقمالى ساقپان [qhatthaqmalɣ saqphan] "叠式萨合畔"

牧童用来驱赶牛羊的主要器具。由木筒、长木片和木柄构成，中空的木筒中固定有五块形状相同的长木片，木片之间留有空隙，摇晃木柄时发出清脆的响声。

5-28 ◆新源县唐加勒克纪念馆

اينالسوقتى ساقپان [ajnalsoqthɣ saqphan] "旋转式萨合畔"

用来驱赶牛羊的器具。由木柄、木板和长条木片构成。摇晃木柄时，木板在木柄上旋转，固定在木板上的长木片与齿轮撞击发出有节奏的清脆响声。

5-29 ◆新源县唐加勒克纪念馆

三 手工艺

5-31 ◆新源县第一中学

قارا ﹤جىپ [qhara ʤip] "墨斗"

用于在木料上弹印直线的用具。墨斗由墨仓、线轮、墨线、墨签四部分构成,当需要切割木料时,为防止歪斜,木工会从墨斗中拉出长线,在木料上弹出黑色直线,再沿着直线将木料整齐地切割开来。

كىشكەنە بالتا [khiʃkhene baltha] "小斧头"

在制作房屋木结构或木制器具时用于削砍木料的工具。小斧头轻便灵巧,是木匠必备的用具。

5-33 ◆新源县第一中学

اعاششى [aʁaʃʃɤ] "木匠"

制作房屋木制构件或制作木制器具的匠人。哈萨克人从事木工的历史十分悠久,生活在草原深处的哈萨克人所用的精美器具大多是由木料制作而成。

5-30 ◆阿热勒托别

5-32 ♦ 新源县第一中学

بۇرعى [burʁɤ] "手钻"

用于在木料上凿孔的用具。手钻的钻头尖锐，呈螺旋状，钻身细长，木柄与铁制钻体垂直，固定在钻体尾部的圆槽中，使用手钻钻孔时，需两手握紧木柄，在木料上来回旋转。

5-34 ♦ 新源县唐加勒克纪念馆

سۇرگى [syrgɨ] "刨子"

用来推刮木材，使木材表面平整、顺滑的木工工具。刨子呈长方形，刨膛内装刨刃，后部嵌有横向的木柄，使用时双手握木柄，在木材表面来回推刮。

ەكى ٴدۇزدى سۇرگى [ekhɨ dyzdɨ syrgɨ] "双刃铁刮刨"

5-35 ♦ 新源县唐加勒克纪念馆

用来削刮木料制作毡房曲椽木杆的木工工具。刨刀一面为刀刃，一面是锯齿，固定在两侧木柄把手的中间，使用时手握木柄，在木杆表面上下推刮。

قاشاۋ [qhaʃaw] "铁錾子"

用来凿挖、雕刻、旋刮、削切木料制作木制器具的铁制工具，錾头处有尖头或平口锐刃。

5-36 ♦ 坎苏

ۇيڭعىرعىw [ʏŋʁɤrɤw] "旋刀"

用来刮旋木料制作木器的工具。由弯刃和木柄构成，刀刃弯曲扁平，状如月牙，刀头尖锐，边刃锋利，使用时握紧木柄，用刀口旋挖、削刮木制容器的底部。

5-37◆新源县唐加勒克纪念馆

5-38◆新源县唐加勒克纪念馆

قۇستۇمسىق شوت [qhusthumsɤq ʃot] "鸟喙锛子"

用于削平木料制作木器的工具。这种锛子的木把向上弯曲，在使用时更加轻便有力，是具有哈萨克民族特色的木工器具。

تەز [thez] "曲木木马"

弯折木杆使其弯曲的木制器具。曲木木马由权杆与支架两部分构成，权杆由树干制成，一端撑于地面，另一端搭放固定在支架上，权杆上凿有宽度不同的横向凹槽。人们首先用热炭火将木杆烘烤柔韧，根据木杆的宽度将其底部卡在相应的凹槽中，然后用力弯折，使木杆弯曲变形。

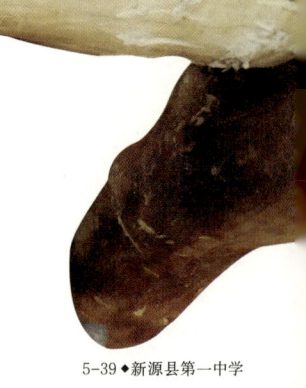

5-39◆新源县第一中学

5-40◆喀拉布拉

بويرا توقۇ [bojra thoqhɤw] "编苇席"

以干枯的苇草为原料，从中劈开后，浸水泡湿置于平地，用石磙子来回碾压制成苇条，然后将苇条摆放在空地上，经手脚压挑，编织成席。苇席面幅宽大、边角细密，具有隔水防潮、平整耐用等优点，既可覆盖在屋顶遮蔽风雨，也可铺放在床上防潮避寒。

5-41◆喀拉布拉

وراۋلى ئشي توقۇۇ [orɑwlʁ ʃij thoqhɤw] "编彩线芨芨草席"

  编芨芨草席时，在木架上搭一根横杆，以两个石块为一对，在上面缠绕细线圈，有数对石块挂在横杆上，把等长的芨芨草秆逐根放在细线中间，将几对石块交叉挂置，用细线压住草秆，再依次向上放置草秆，如此往复做成一张完整的芨芨草席。制作彩线草席时，需首先设计花纹图案并配色，然后根据花纹的走势选用合适的彩线将芨芨草秆一根根缠绕包裹，再编制成席，制作工艺较为复杂，加工一张完整的彩色芨芨草席大约需要两个月的时间。

5-43 ◆喀拉布拉

اعاش ویما [aʁaʃ ojma] "木刻"

用刻刀在木板上雕刻图案制成的手工艺品。木板雕刻的图案反映了哈萨克人的生产方式或生活内容，造型别致，外观精美，木刻四周镶有花纹木框，挂在墙壁上，用于装饰房间。

5-42 ◆喀拉布拉

5-44 ◆坎苏

ویۇلى دىڭگەك [ojɤwlɤ diŋgek] "雕花木柱"

用于支撑走廊顶部的木梁。哈萨克族传统的平房木构件漆为淡蓝色，木柱上圆下方，柱身上刻有环状彩色花纹，造型简易，古朴端庄。

5-46◆阿勒玛勒

ورنەك سىزىۋ [ørnek sɤzɤw] "绘花纹"

哈萨克人日常生活所用的器具大都用木材制作，当木制器具基本成型后，工匠先在器具的表面和边缘处勾勒出花纹的大体轮廓，再用细毛笔蘸上各色颜料勾花上色，等颜料干透后，再在木器内外均匀涂刷树漆。

ۇستارا [usthara] "剃刀"

用来刮除头发和胡须的可折叠刀具。刀片前端齐整无尖，尾部弯曲，可调角度较大，方便剃头时刮除毛发。

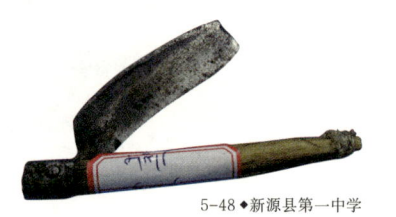

5-48◆新源县第一中学

5-45◆塔勒德

سرشى [sʏrʃʏ] "漆匠"

5-47♦阿热勒托别

在木制家具或器具表面涂刷树漆的工匠。木制器具尤其是餐具等容易受潮损坏,耐久性较差,所以器具制成后,都要在其表面均匀地涂刷一层透明的树漆,不仅色泽明亮,还具有防水防潮的作用。

تىگىنشى [thiɡinʃi] "裁缝"

从事剪裁、缝制衣服的手工艺者。新源本地裁缝主要以制作哈萨克族的传统服装为主,并且与时俱进,将民族特色融入现代服饰中,创造出了极具民族风韵的服装,深受哈萨克人民的喜爱。

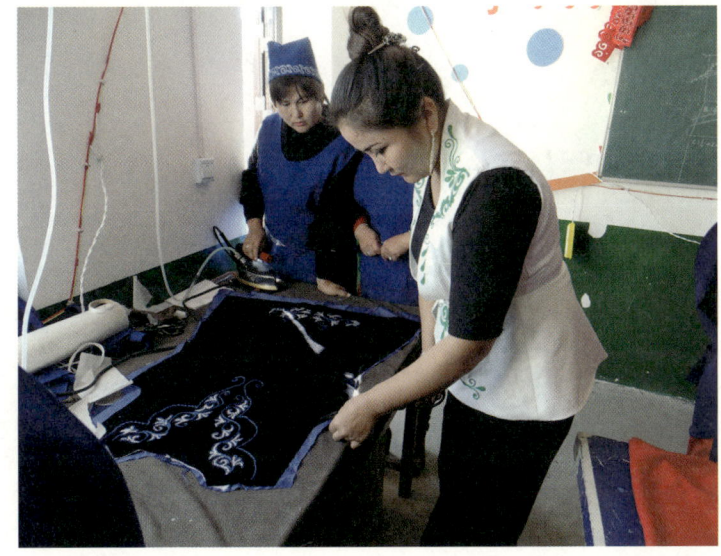

5-49♦坎苏

5-50◆新源县第一中学

ۇتىك [ythik] | دەزىمال [dezmal] "熨斗"

用于熨烫衣服和布料使其平整的工具。熨斗尖头平尾，两侧圆滑，斗槽和斗盖两部分以后部的铁轴连接，前端设有铁扣。使用时，将斗盖打开，灌入热水，盖住斗盖后关闭铁扣，然后手持木柄将铺展在坚硬平面的衣物熨烫平整。

شالعى شىگداۇ [ʃalʁʏ ʃʏŋdaw] "磨扇刃"

扇镰是哈萨克人打草的主要工具，使用久了会磨损扇镰的刀刃。人们在磨扇镰时，首先将镰刀在铁砧上放倒，用小锤将卷刃处敲平，在刀刃上洒水后，再手持磨石在刀刃正反两面来回摩擦。

5-54◆坎苏

5-52 ◆坎苏

5-51 ◆坎苏

تەمىر تاقان [themir taʁan] "铁拐子"

用于支撑鞋底的修鞋工具。当需要修理鞋靴的底部或根部时，鞋匠会将鞋靴倒扣在铁拐子上。

ەتىكشى [ethikʃi] "鞋匠"

制作、缝补、修理鞋靴的手工艺者。哈萨克鞋匠一般没有固定的店铺，经常随集市流动。

قازان قارقاشالاۋ [qhazan qharʁaʃalaw] "锔锅"

久用的锅体有裂缝时，需要及时修补，找到破裂处后将裂缝对齐，然后根据裂缝的长度剪裁铝制补片，将铝片贴于裂缝处，在两点打孔，最后用锔钉固定。

5-53 ◆新源县哈萨克族文化遗产展览馆

ˈجوٚن ساباۋ [dʒyn sabaw] "弹羊毛"

    制作毛毡的第一道工序。人们先在平地上放一块生牛皮，将洗净晾干的羊毛倾倒在上面，妇女们双手持细长弯曲的弹毛棍抽打羊毛，使羊毛变成松软的毛絮，同时也可以将部分杂质抽打出来。

5-55◆阿勒玛勒

كىيگىز باسۋ [khijgiz basɣw] "擀毡"

用羊毛制作毛毡。哈萨克人以游牧为生，人们就地取材，将羊毛擀成毛毡，既可用来做覆盖毡房的包毡和围毡，也可用来做纹饰精美的床毡和壁毡。可以说，哈萨克人的生活是从擀毡开始的。擀毡的过程较为复杂，需要由多人共同来完成。

5-56◆阿勒玛勒

ساباۋ [sabaw] "弹毛棍"

弹毛时用来抽打羊毛使其松软的细长木棍，一般由红柳枝条做成。

5-57◆新源县第一中学

5-58◆阿勒玛勒

ࢨجۇن باسࡿو [dʒyn basʁw] "铺毛絮"

制作毛毡的第二道工序。将原本纠缠在一起的羊毛弹成毛絮后，在平坦的地面上铺开芨芨草长席，均匀地将毛絮一束一束地按压好。

شىعا وراؤ [ʃʁjʁa oraw] "卷毛絮"

制作毛毡的第三道工序。卷毛絮之前一位妇女一只手持装满热水的水壶，另一只手拿着扫帚，均匀地将热水泼洒在羊毛絮里，毛絮会相互黏合在一起，这时，几个人从一端卷动芨芨草席，将浸水的羊毛絮用力地卷起来，草席卷成条状后，用细绳拦腰扎紧，外面再包裹旧毡和蛇皮口袋。

5-59◆阿勒玛勒

5-60 ◆阿勒玛勒

كيىگىز تەبىۋ [khijgiz thebiw] "踢毡"

制作毛毡的第四道工序，也是最为热闹的一道工序。人们在包裹有草席的蛇皮口袋外系上长绳，一人手持长绳倒退拉毡，其他人在后面踢踏草席，这时人们会喊街坊四邻一起帮忙踢毡，并且将糖果抛向人群，祈愿擀毡成功。人们一边踢毡，一边捡糖果，说说笑笑，场面十分热闹。经过踢毡，草席中的毛毡便初步成型了。

كيىگىز بىلەكتەۋ [khijgiz bilekthew] "臂擀毡"

踢毡完成后，毛毡虽已初步成型，但是毛絮之间黏合得并不结实，人们将草席打开后，从一端卷起毛毡，用细毛绳缠绕后将其放置在芨芨草席的一侧，几位妇女双膝跪卧，抓住毛毡上的细毛绳，用小臂和胳膊肘来回擀压，使毛毡紧实。臂擀毡是极为辛苦的一道工序，妇女们低头弓腰，用胳膊来回揉搓，往往会腰酸背痛，磨破皮肤，但是妇女们相互加油鼓劲，直到擀毡完成。

5-61 ◆阿勒玛勒

كىيگىز پىسىرىۋ [khijgiz phisiriw] "熟毡"

　　臂擀毡完成后，毛毡就基本成型了，人们将毛毡折叠卷成毡卷，用细绳拦腰扎紧。然后在地面上铺上几块干净的木块，将毡卷竖直地立在上面，用水舀舀满热水后从毡卷上灌下，这时毛毡内的杂物和泥灰便会从底部流出来，成为"熟毡"。如此重复浇完约一锅热水后，毛毡便基本上被清洗干净了，人们将毛毡打开，平整地挂在长木杆上将水分晾干，一张简单的毛毡便制作完成了。

5-62◆阿勒玛勒

قولمەن شۋیكە ەسىۋ [qholmen ʃyjke esiw] "手搓毛绳"

　　用手搓马鬃、马尾和羊毛等来制作毛绳。人们先将一束畜毛用手捻搓成条，对折后再揉搓压紧制成毛绳条，如此重复，制作出许多毛绳条后将其捻成几根长条，然后再用捻绳机将其捻成长绳。

5-63◆新源县第一中学

5-64 ◆喀拉布拉

تەرمە باۋ توقۇۇ [therme baw thoqhɤw] "纺花带"

哈萨克妇女将缠有各色毛线的吊线棍挂在三足吊架上，毛线一端固定在木架上，另一端则用腿部固定，然后用一根蓝色的毛线做底线，通过钩挑各色毛线织出花纹。三足吊架由三根细长的铁棍构成，可以用来挂缠有彩色毛线的吊线棍，是哈萨克式花带纺车的主体构件。此外，三足吊架还可以用来挂茶壶烧热水。

قىلىش [qɤlɤʃ] "分线木刀"

用于刮赶彩线花纹使其紧实的工具。纺织花带的各色毛线相互交叉，当编织完一部分彩带后，需向后抽拉花带，用分线木刀将交叉的彩线向前刮赶后继续纺织。

5-65 ◆新源县第一中学

ۇرشىق [urʃɤq] "纺锤"

　　将羊毛或驼毛纺成毛线的工具。纺锤有纺棍和纺轮两部分，纺棍上粗下细，顶端有沟槽，底部尖细，陶制或铁制的纺轮固定在纺棍上部，形似上窄下宽的圆柱体。纺毛线时，先将干净无杂质的细羊绒卷成羊毛球，从羊毛球中扯出一束绒毛用手捻成粗线后钩挂在纺棍顶端的沟槽中，然后左手将羊毛球高高举起，右手拇指和食指搓捻细线，这时纺锤便会在自身的重量作用下左右快速地旋转，将毛絮纺成毛线。

5-66 ♦ 新源县哈萨克族文化遗产展览馆

جۇن بوياۋ [dʒyn bojaw] "染羊毛"

　　将羊毛染色。人们将白色的细羊毛清洗晾干弹打成柔软的毛絮后，烧一大锅热水，在水中放入少许染料，待其化开后，把羊毛絮倒入锅中，不停地搅拌，使羊毛染色，染色的羊毛可以用来制成染色毛毡。

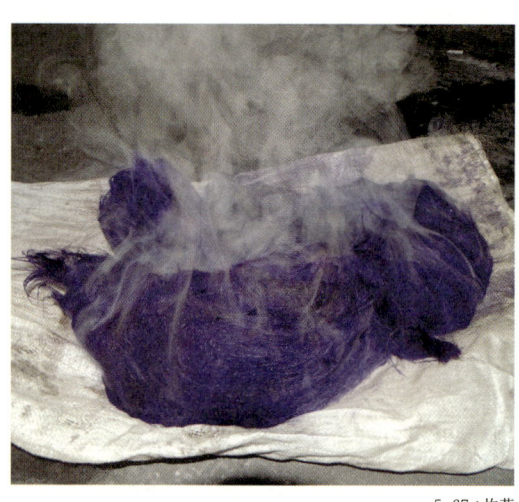

قول تورما [qhol thɤrma] "手耙"

　　在压毛絮时用于将毛絮耙平铺满的用具。手耙由细竹枝制作而成，体形较小，单手可握，轻巧灵便，是染毡匠人必备的用具。

5-67 ♦ 坎苏

5-68 ♦ 坎苏

5-69 ◆坎苏

كيىگىز بوياۋ [khijgiz bojaw] "染印花毡"

在棕色毛毡上印上花纹。染印匠人先将染有红色的羊绒毛毡剪成哈萨克传统的角纹，把蓝色毛毡剪成锯齿状的边饰长条，在平地上铺开芨芨草长席后，把剪好的花纹拼接成一幅完整的图案，然后再将已经弹好的棕色羊毛絮均匀地铺压在花纹上方，洒热水浸湿定型后，将草席卷起，经过踢毡、臂擀毡、熟毡、晾毡等工序后，便制成一张印有精美彩色花纹的毛毡。用这种方法制成的棕底彩花毛毡称为"床毡"，一般铺在毡房地面的木板架上。

بوياۋحانا [bojawχana] "染坊"

制作染色毡和印花毡的作坊。染色花毡是哈萨克人铺在地面木板架上的必需品，因此在新源的每个乡镇几乎都有几家染坊。

5-70 ◆喀拉布拉

5-71 ◆喀拉布拉

كەستە تىگىۋ [khesthe thigiw] "刺绣"

哈萨克民族刺绣有着悠久的历史，大到毡房壁毡，小到服饰花纹，刺绣无处不在。绣娘们先在白衬布或细毛黑绒布上勾勒图案的轮廓，然后将其固定在圆形绣花绷架上，再用钩针一针一线地绣出色彩亮丽、线条明快的精美图案。刺绣的图案与哈萨克人的牧业生活息息相关，主要有植物纹样和动物纹样两大类。植物纹样最常见的是草花纹、花蕾纹和花卉茎蔓纹等，动物纹样则有犄角纹、鼻骨纹、马嘴纹、鸟翅纹、颈骨纹和兽足纹等，除此之外，人们还会将风、云、雷、雨等自然现象绣制成抽象的图案。

بىز [biz] "钩针"

用来钩绣图案的带钩铁制长针。钩针柄部扁平，便于持握，针头有一个倒钩，可以钩连彩线。

5-72 ◆塔勒德

5-73◆塔勒德

كەستەلەۋ ءادىسى [khesthelew ædisi] "绣法"

哈萨克族绣制图案的方法有钩针绣、绒面绣、菱形绣等多种，其中以钩针绣最为普遍。用钩针绣制花纹之前，哈萨克绣娘会先在黑色的细绒布上用由盐和牛奶调制的汁水勾勒出花纹的大致轮廓，将布料固定在绣架上绷紧后，再用左手手臂托住绣架，左手拇指和食指在绣架背面从线圈中拉出一根彩线，右手持钩针，沿着花纹的走向从正面刺透，钩住背面手中的彩线，拉出线后翻转手腕，用钩针将彩线打扣脱针后继续钩线，如此反复，便可绣制出色彩艳丽、精致美观的图案。

5-74◆塔勒德

قارا سابىن [qharasabɤn] "黑皂"

用荨麻草灰和羊尾油制成的黑色土肥皂。先把干枯的荨麻草烧成草灰，再用木棍做一个支架，支架上部铺上一层厚草，下部放盆，把草灰放在厚草上，用开水冲洗过滤杂质，干净的灰水会被收集在下方的盆中，然后将草灰水和羊尾油按均等的比例倒入锅中熬制，并掺入少许羊毛，等熬成浓稠的糊状物后，趁热倒在纱布上，挂晒一两天后，便会制成黑皂。按照哈萨克族的习俗，制作黑皂时邻居不能前来拜访，否则就认为制作失败。黑皂由纯天然材料制作而成，具有去渍能力强、结实耐用等优点。

نوقتا [noqtha] "马笼头"

套在马头上用来控制和约束马的羁具。一般用细皮条或毛绳编制而成。一套完整的马笼头由顶带、喉带、额带、颊带、鼻骨带、马嚼子和缰绳构成，是骑马者控制马匹行进方向和速度的主要用具。

5-75◆新源县唐加勒克纪念馆

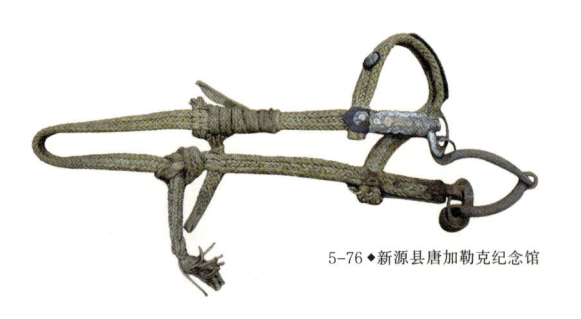

5-76◆新源县唐加勒克纪念馆

ئۇزدىق [awʏzdɨq] "马嚼子"

用铁环固定在马笼头的下方，含在马嘴中用于御马的铁绊。马嚼子两端的铁环连接马笼头和马缰绳，中间由两段弯折相连的细铁棍。骑马者手拉缰绳时，马嚼子会勒紧马嘴，可让马匹减速或停步。

قۇيىسقان [qhujʏsqhan] "马后鞧"

从马尾根部下方绕过的细长皮带。末端以带有垂饰的小圆环相连，两端固定在马鞍尾部。马后鞧可以防止马在行进或下坡时马鞍向前滑动或倾倒。

ات كۆرپە [at khørphe] "马鞍坐褥"

铺在马鞍上的坐垫。常下铺一小块羊毛褥，羊毛褥上面还会铺一块精美花毯，称为"马鞍坐褥"，由彩色毛线纺织而成。

5-79◆新源县唐加勒克纪念馆

5-80◆新源县唐加勒克纪念馆

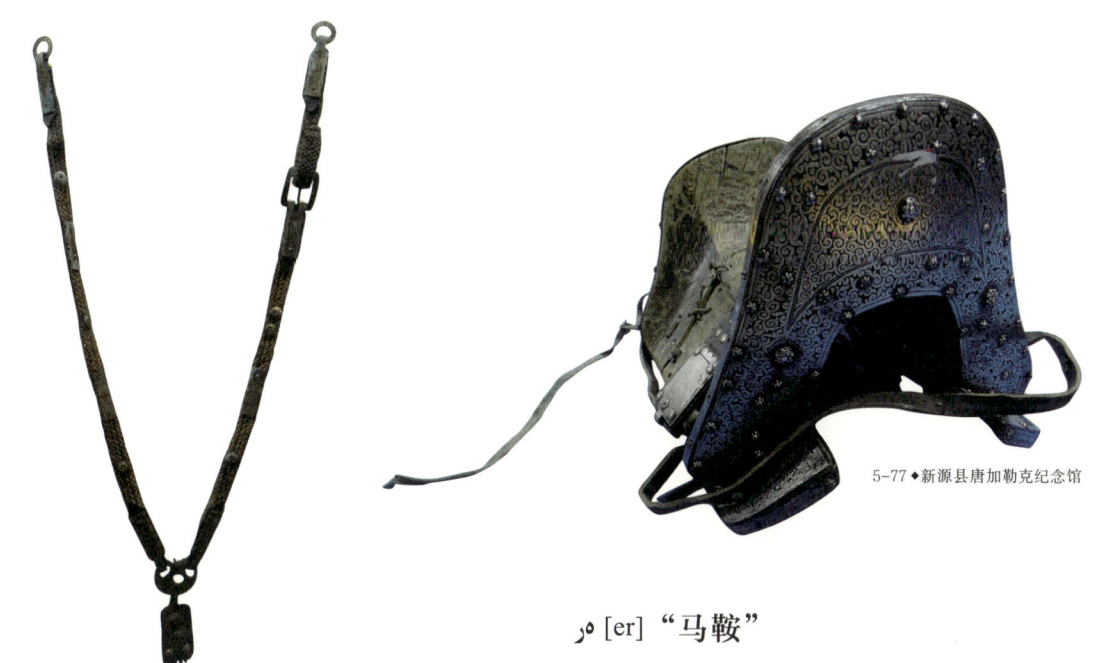

5-78 ◆新源县唐加勒克纪念馆

ømildirik] "马攀胸"ومىلدىرىك

从马前胸绕过的"V"形细长皮带。中间以缀有垂饰的金属构件相连，两端的圆环固定在马鞍上。马攀胸可以防止马在奔跑时马鞍向后位移。

5-77 ◆新源县唐加勒克纪念馆

ەر [er] "马鞍"

放在马背上的镶银木质坐凳。马鞍主体由木质材料制作而成。一套完整的马鞍包括马鞍座、马肚带、马攀胸、马后鞦、马镫、马鞍坐褥、坐褥带、马鞍垫等部分，统称为鞍鞯，各部分相互连接，可将马鞍座牢固地固定在马背上，是哈萨克牧民必不可少的用具。

توقىم [thoqhɤm] "马鞍皮垫"

垫在马背上的方形皮垫。在安放马鞍之前，牧民先于马背上依次铺上大块毛毡、两层椭圆形羊毛褥和一块马鞍皮垫，用来保护马背不被坚硬的木制马鞍磨伤，皮制的鞍垫摩擦力较大，可以固定马鞍不使其前后滑动。

5-81 ◆那拉提

5-82◆新源县唐加勒克纪念馆

ایىل [ajʁl] "马肚带"

绕过马肚将马鞍固定在马背上的细长皮带。一套马具至少由两根马肚带固定，分别拴系在前、后鞍桥处。马肚带一般由细皮条编织而成，一端系有圆形卡扣。

اعاش ۇزەڭگى [aʁaʃ yzeŋgɪ] "木马镫"

挂在马鞍两侧的木制脚踏，方便上马，骑马时可支撑双脚。在马匹奔跑时可以保护骑马者的安全，还可以解放骑马者的双手，使牧民方便套马和驱赶牛羊。哈萨克式马鞍的鞍板两侧凿有方形小孔，拴有马镫的镫带穿过这个小孔固定在马鞍两侧。

5-83◆新源县唐加勒克纪念馆

قامشى [qhamʃʁ] "马鞭"

骑马时驱马快跑的短皮鞭。马鞭柔韧富有弹性，由细皮条编织而成，皮鞭尾部固定在木柄上，木柄末端拴有绳扣，可将马鞭挂在马上。

قىر [qhʁr] "束鞭夹"

用来夹住皮鞭或马肚带，用力束、拉使其绷直的木制工具。

5-86◆新源县第一中学

5-84◆新源县第一中学

قامشى ٔ ورۇ [qhamʃɤ øriw] "编皮鞭"

匠人把熟好的皮革割成窄长的皮带，将两端对折，用小刀豁成纵向的细皮条，然后用毛绳将顶端固定，用手指将细皮条分股交叉打扣系紧，编成皮鞭。

5-85 ◆坎苏

ارقان ەسۇ [arqhan esiw] "捻绳"

编织匠人将畜毛搓成细长的毛绳后，以三根为一股固定在捻绳机上捻成长绳。捻绳机由拧绳木、手摇木和木舌槌三部分组成。捻绳时，先将三根细毛绳的一端拴在拧绳木的摇轴末端，另一端逐根拴系在手摇木伸出的摇轴上，两人反向摇动拧绳木和手摇木的摇把，然后一人站在中间，将三根细绳卡在木舌槌的三条竖槽里，缓慢向后退，这样三根细毛绳就会拧成一根粗绳。

5-87 ◆喀拉布拉

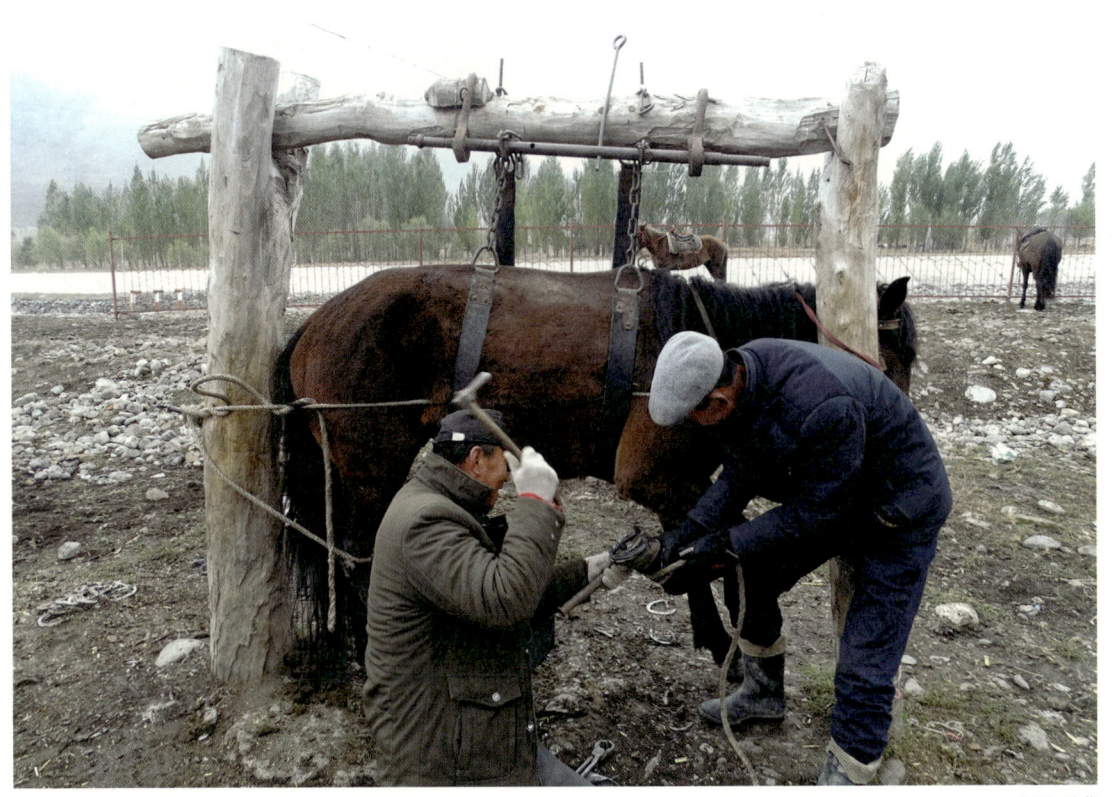

5-88◆坎苏

ئات تاقالاۋ [at thaʁalaw] "钉马掌"

为保护马蹄，牧民大都会在马蹄底部钉上一块半圆形的马蹄铁。钉马蹄铁时，先将鞍具取下来，以长绳和肚带把马匹固定在木架上，摇动肚带铁轴，使马蹄悬空，用马绊索将马腿弯曲固定，先用刮蹄刀割除马蹄底部的碎甲，清理平整，再按照马蹄的大小调整好马蹄铁的形状后，用铁锤和手钳将马蹄铁钉在马蹄底部。

تۇياق جونغىش [thujaq dʒonʁɤʃ] "刮蹄刀"

钉马掌时用来割除马蹄底部碎甲的刀具。刮蹄刀可使马蹄平整，以方便钉马蹄铁。

5-89◆坎苏

5-90 ◆新源县唐加勒克纪念馆

تاغا [thaʁa] "马蹄铁"

  钉在马蹄上的铁制蹄形物。马蹄铁下方两端和中间处有三处凸起，不仅可以垫高马蹄防止磨损，还可以使马匹在行走和奔跑时更好地抓住地面。铁圈上左右分布有六个穿钉孔，把马蹄铁放在马蹄上后，将钉子透过钉孔用铁锤钉穿马蹄边缘，再用手钳将穿出马蹄表面的钉头部分压平，就可以将马蹄铁牢固地钉在马蹄上。

وره [øre] "两腿马绊"

  将马的前腿与后腿绑在一起的绊索。两腿马绊可以有效地控制马的行进速度，防止马奔跑走失。

5-91 ◆坎苏

四 商业

5-92 ◆ 塔亚苏

ىشپەك - جەمەك دۇكەنى [iʃphek-dʒemek dykheni] "食品店"

售卖馕、馓子、饼干、干果、糖果、蔬菜、水果等食品的小商店，在哈萨克村落中十分常见。

اسخانا [asχana] "餐厅"

哈萨克族传统美食有纳仁、手抓肉、抓饭等，如今在那拉提草原风景区和新源县城等游客和人口密集的区域，开设有许多哈萨克餐厅，为人们提供具有传统风味的民族美食。

5-94 ◆ 那拉提

5-93◆那拉提

ناۋايحانا [nawajχana] "馕房"

烤馕和卖馕的商店。

جايما ورنى [dajma ornɤ] "摊位"

售卖货物的摊子。主要出售哈萨克民族特色的毛线袜、鞋垫、刺绣等物品。

5-96◆新源县第一中学

قول تارازى [qhol tharazɤ] "杆秤"

利用杠杆原理称量物体重量的平衡秤。由秤杆、提绳、饼状秤砣和秤盘构成。

5-95◆坎苏

5-97 ◆则克台

سایاتشی [sajatʃʏ] "猎人"

  猎杀野兽的人。以前，草原上出没的野兽时常侵扰牧民的牛羊，哈萨克人为保护牲畜会猎杀野兽，并将野兽的毛皮制成御寒的服饰。猎人在哈萨克语中原本为[aŋʃʏ]，主要指用猎枪狩猎的人，但新源的哈萨克猎人常为[sajatʃʏ]，即用猎鹰狩猎的人。

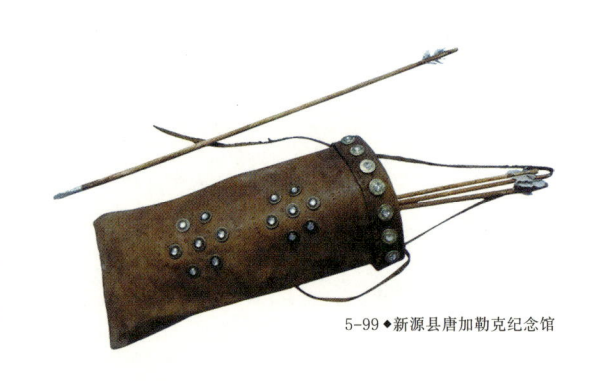

5-99 ◆新源县唐加勒克纪念馆

قورامساق [qhoramsaq] "箭囊"

  用来装盛箭支的皮囊。箭囊由熟皮鞣软后缝制而成，背面缝有皮带，可以背在背部或挂在马上。

5-98◆新源县第一中学

ساداق [sadaq] "弓"

射箭的猎具。弓弦一般由畜筋做成。

راگەتكا [rægetkhæ] | زاقپى [zaqpɣ] "弹弓"

弹射石子或金属弹丸的远射猎具。弹弓一般用树木的枝丫制成，上部分有两叉，下部是手柄，弓叉顶端缠绕富有弹性的畜筋做弓弦，弓弦中部是一块较宽的皮革，用来包裹弹丸。

5-100◆新源县唐加勒克纪念馆

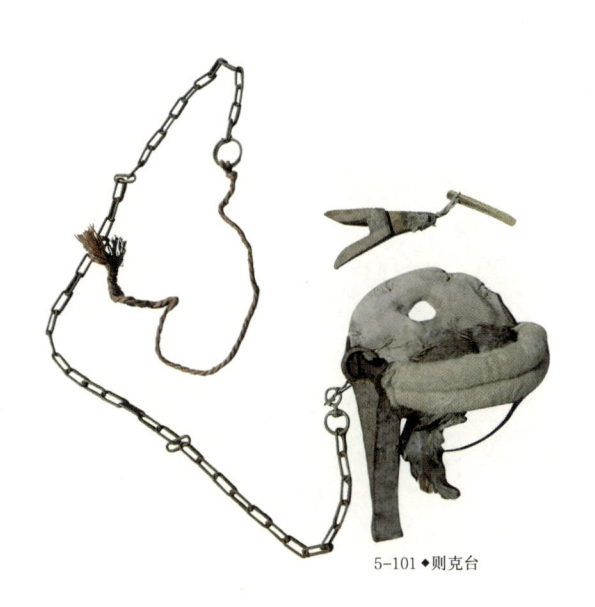

قۇس قاقپانى [qhus qhaqphanɣ] "捕鹰夹"

用来捕捉鹰隼的铁夹子。捕鹰夹由一个铁片弹簧、两块半圆形铁片、曲面触发扣、触发木片和铁夹链构成。使用时需先用双脚踩住铁片弹簧，用手打开捕鹰夹，中间放一块带孔的圆形毛毡和畜肉等诱饵，而后将触发木片绕过半圆形铁片的一侧从毛毡孔中卡在触发扣上，当鹰隼在食用诱饵时，会不经意触发曲面触发扣，曲面的木扣上抬，释放触发木片，半圆形铁夹便在弹簧的弹力下瞬间合上，鹰隼来不及逃走。哈萨克人抓捕鹰隼的目的是用来驯鹰捕猎，因此往往会在半圆形铁片上包裹厚厚的毛毡，以防铁夹夹伤鹰隼脚骨。现在禁止使用。

5-101◆则克台

5-102◆新源县唐加勒克纪念馆

ۆلكەن قاقپان [ylkhen qhaqphan] "铁狼夹"

用来捕捉野狼的大型铁兽夹，铁片弹簧的弹力较大，铁夹闭合后野兽不易逃脱。

سيىر باعۋ [sʁjɤr baʁɤw] "牧牛"

每天清晨起床后，牧民就会驱赶母牛翻越山岭到水草丰美的牧场吃草，然后牧民再回到家中吃早饭。哈萨克有一句民谚，大意为"牛犊跟着喝奶的母牛肥不了"，所以人们把小牛犊留在家中，让母牛专心吃草。等到黄昏时分，已经吃饱并且奶水充盈的母牛会自己循着来时的踪迹返回家中为牛犊哺乳。

5-105◆塔勒德

5-103 ◆坎苏

اسپا توزاق [aspha thuzaq] "吊套"

  吊在拱形树枝上用来捕捉野兔等的铁丝圈。猎人先将细铁丝的一端打上小环扣，将铁丝弯成圆圈后，另一端穿过小环扣，制成一个可以自由收紧的活扣，再将铁丝圈悬挂在拱形树枝的中间，制成吊圈。野兔行走的路线一般较为固定，并且有喜爱钻洞的习惯，猎人利用野兔的习性，将吊套架设在野兔经常出没的路上，捕捉它们。

توزاق [thuzaq] "圈套"

  套在鸽子背部，用于捕捉鹰隼的套子。圈套的主体是能够绑在鸽子翅膀下部的套网，套网上拴有很多张开的细铁丝，铁丝末端系有活扣。猎人将圈套套在鸽子背部，用长绳绑住鸽脚，等鹰隼在天空盘旋时放飞鸽子，吸引鹰隼，等鹰隼俯冲而下用双爪抓住鸽子，鹰爪套入小活扣时，活扣便会收紧，从而抓住鹰隼。

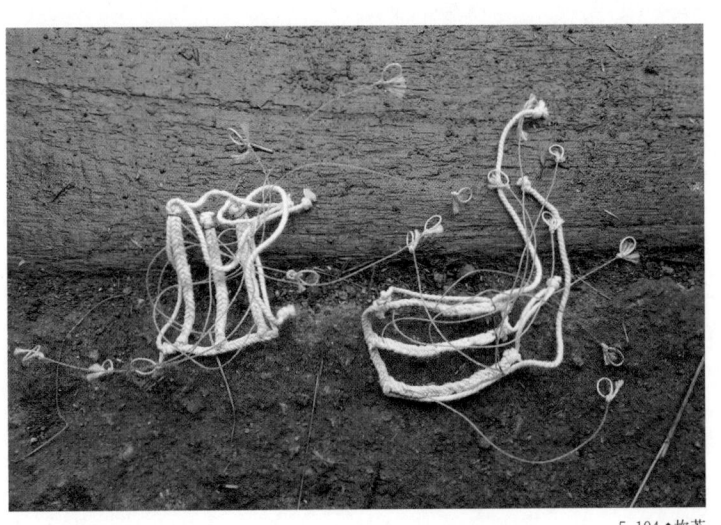

5-104 ◆坎苏

بۇركىتشى [byrkhit'ʃi] | قۇس بەگى [qhus begɨ] "驯鹰手"

驯养鹰隼的猎人。传统上哈萨克猎人用细网捕捉成年鹰隼，或在峭壁上的鹰穴中诱捕雏鹰，将其驯服成为听从猎人命令的猎鹰，每逢冬季出猎时，猎人都会在手臂上戴上皮手套，架起猎鹰，捕捉在雪地中活动的野兔等小型兽类。

5-107◆塔勒德

قوي باعۋ [qhoj baʁɤw] "放羊"

每天清晨吃过早饭，牧羊人就会赶着羊群外出放牧，哈萨克牧民的绵羊群中一般会有一两只山羊和牧羊犬，活泼好动的山羊可以带领绵羊群到最肥美的草场吃到鲜嫩的牧草，而牧羊犬不仅可以保护羊群免遭野兽袭击，还能避免绵羊离群走散。等到黄昏时分，牧民便会赶着吃饱的羊群回家归圈，并在绵羊归圈时清点数目。

5-106 ◆塔亚苏

بۇركىت قايىرۋ [byrkhit qhajɤrɤw] "驯鹰"

将捕捉到的鹰隼驯化成听从猎人命令的猎鹰。驯鹰的过程十分漫长，需要猎人精心喂养，悉心投入，耗费三四年的时间才能驯出一只上好的猎鹰。与成年鹰相比，雏鹰驯化会更容易一些，每年8月份雏鹰长成之时，哈萨克猎人会冒险攀爬到峭壁上的鹰穴边，用肉块将雏鹰诱出后捕捉。抓住雏鹰后，猎人会先将其喂饱长膘，驯化时，猎人会停止为雏鹰喂食，并将鹰胃内的积食彻底清洗干净。为鹰洗胃后，第二个步骤就是熬鹰，猎人给鹰戴上可以遮罩眼睛的鹰帽，脚上拴系长绳绊索，让雏鹰站在吊起的一根横木上面，猎人日夜摇晃荡木，使雏鹰无法睡眠，经过几个昼夜的熬鹰后，猎人只喂其一些掺入食盐的茶水。经过半个月的饿鹰后，就是诱鹰啄肉，猎人戴上粗长的皮手套，手套上方放置肉块，引诱饥饿的雏鹰啄食肉块，同时逐渐拉长距离，直到雏鹰能够熟练地飞起落到猎人手臂上啄肉为止，这时雏鹰已经渐渐消除了对猎人的恐惧和敌意，逐渐被驯化。第三个步骤是在室外的院子中进行。在驯鹰的整个过程中，猎人会对雏鹰不停地说话，使雏鹰熟悉猎人的声音，这样等雏鹰长大后就会辨识主人的声音，只听从主人的命令。

5-108 ◆塔勒德

5-109◆新源县唐加勒克纪念馆

5-110◆新源县唐加勒克纪念馆

تۇعىر [thuʁɤr] "鹰栖架"

猎鹰栖息的三足木架。猎人会将鹰爪绊索拴在鹰栖架上。

ىرعاق [ɤrʁɑq] "驯鹰荡木"

吊挂在室内高处,供鹰隼站立的熬鹰用具。

توماعا [thomaʁa] "鹰帽"

戴在猎鹰头部用来遮罩鹰眼的小帽。鹰帽虽小,其实作用很大。猎鹰的狩猎欲望极强,猎人为其戴上鹰帽,等雪后出猎时再摘掉鹰帽,可以保存猎鹰的体力。

5-113◆则克台

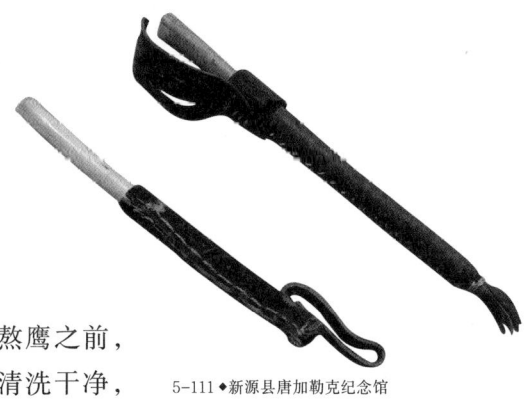

تۇتىك [thythɪk] "驯鹰喂水管"

给鹰喂水用来清洗肠胃的骨质细管。猎人熬鹰之前，会把骨质细管塞入雏鹰嘴中，注水将鹰的肠胃清洗干净，再行驯化。

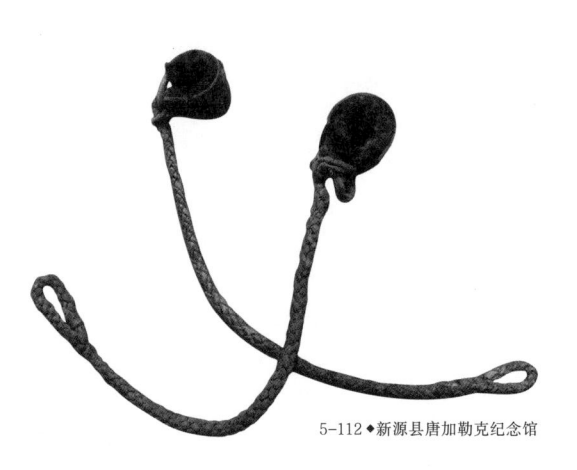

5-111◆新源县唐加勒克纪念馆

اياقباۋ [ajaqbaw] "鹰爪皮拴"

用来拴系鹰爪的皮制绊索。由细皮条编织而成，末端翻毛的柔软皮革可以保护鹰的脚踝，另一端固定在鹰栖架上。

5-112◆新源县唐加勒克纪念馆

بىيالاي [bɤjalaj] "架鹰手套"

猎人戴在手臂上用来支撑鹰爪的皮制手套。架鹰手套宽大厚实，长度可至臂肘处，由牲畜皮革缝制而成，可以防止尖利的鹰爪抓伤猎人。

5-114◆新源县唐加勒克纪念馆

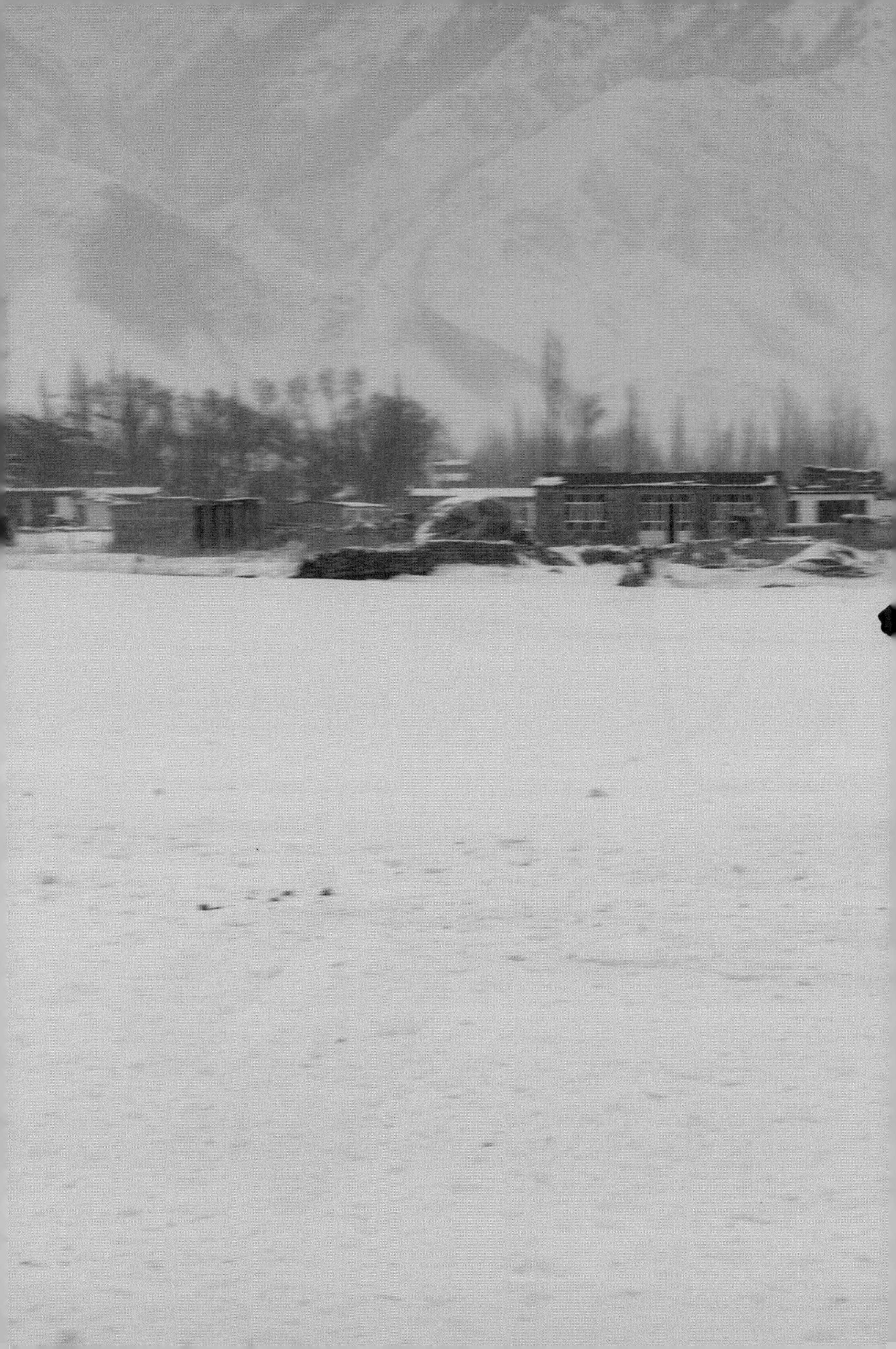

陆·日常活动

哈萨克人以部落为单位，分散在草原的各个角落。部落中的成员基本上都是同一个先祖的后代，这种成员之间互有血缘关系的部落单位赋予了哈萨克人强大的凝聚力与向心力。因此在哈萨克人的日常生活中，若有一家办婚丧嫁娶等红白喜事，则几乎整个部落的人都会倾力相助，平时邻里之间的互帮互助更是常事。

哈萨克族是生活在草原上的马背民族，在长期的牧业生活中创造了很多富有民族特色的娱乐活动，其中以赛马、叼羊和"姑娘追"最为著名。在哈萨克族乡镇，殷实富裕的家庭在举办婚礼、割礼或其他礼俗仪式时，会以马驹和奖金等作为奖品，组织赛马和叼羊等娱乐活动。届时赛马健儿由四面八方涌来，矫健的骏马在赛场上风驰电掣，场面热闹非凡。"姑娘追"起先是由哈萨克青年男女反抗包办婚姻、争取自由恋爱发展而来的一种娱乐活动，一般在婚礼或节日时举行，先是青年男女骑马朝一个固定地点走去，到达后男方骑马"逃跑"，而女方则拿着皮鞭紧追不舍，男子的狼狈样惹得人们哈哈大笑。人们还就地取材，利用羊粪蛋和小树枝等材料创造了能够锻炼逻辑思维的九子棋和哈萨克象棋，以及用羊后腿的膝盖骨来打羊拐等的儿童游戏。

哈萨克人对部落的系谱十分重视，有"不知七代先祖名的是孤儿"的俗语，因此当孩子懂事后，父母有责任教孩子背诵七代先祖的名字。此外，还会有专人负责统计部落成员的亲属关系和人口情况，在族谱中以树状图的形式绘制部落祖先与后代的亲属关系图，并附上照片或图片详细介绍已故部落人员的生平和事迹。

哈萨克族信仰伊斯兰教。

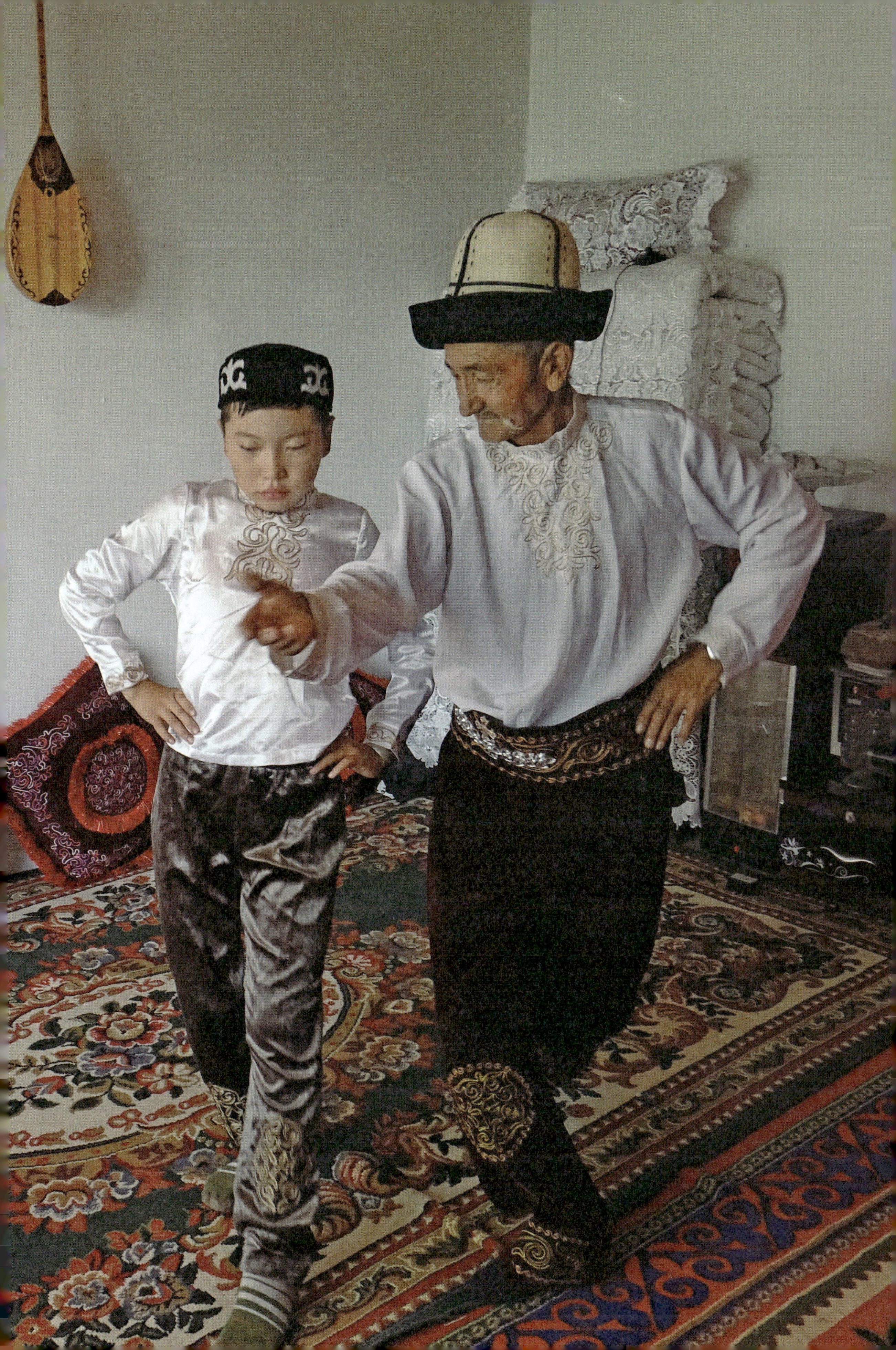

6-1 ◆塔勒德

تاماق ٴىشۋ [thamaq iʃɨw] "吃饭"

  哈萨克人一般一日三餐。草原上的牧民需外出放牧，因此早餐和午餐比较简单，只是喝几碗奶茶，吃一些馕饱腹。傍晚时分牛羊归圈后，女主人会做好纳仁、手抓肉、抓饭等丰盛的美食，一家人围坐在餐桌旁，共享这温馨的幸福时光。

6-2 ◆ 则克台

بىرگە تاماق ٴىشۋ [birge thamaq iʃiw] "聚餐"

每逢节日、礼俗或宾客来访，哈萨克人都会邀请四邻到家中做客聚餐。主人在餐桌或毛毡上铺上餐布，摆放馕、油馃子、馓子、酥油、干果和糖果等食品，人们围坐在矮桌或餐布旁，男女客人分席而坐。女主人为人们递上热气腾腾的奶茶，喝过奶茶后，主人便会端上香嫩诱人的手抓肉，供客人享用。开餐之前，主人邀请宾客中最德高望重的长者致祝福辞，然后由他持刀将煮好的肉切分成小块，切肉时持刀者可以优先吃掉自己喜欢的部分，而剩下的则供大家享用。用餐结束后，人们会高兴地弹起冬不拉，载歌载舞。

اراق ۇسىنۇ [araq usʁnʁw] "敬酒"

在重大节日和盛大宴会上，等人们用餐完毕后，男主人会为男性宾客斟酒。从德高望重的长者开始，逐个邀请宾客喝酒，这时被邀请的客人会端起酒杯，感谢主人并为大家致祝福辞。每个人都喝酒并致辞后，便可以自由地相互敬酒。为表示尊重，敬酒者需亲自将酒杯斟满，然后端到被敬酒者的手中，相互交谈后一饮而尽，敬酒时可一次敬单杯，也可一次敬双杯，酒杯越多敬酒者的敬意越深。

6-3 ◆ 塔勒德

ورىن تارتبى [orʁn thærtbɨ] "座次"

哈萨克人在用餐时的座次非常讲究，正面面对门口的位置为上座，两侧为次座，而背部对门的位置为末座。德高望重的长者或尊贵的客人坐上座，其他人按照年龄或身份依次往下坐，而家中的男女主人坐末座，既表达主人的热情好客，也方便为大家递奶茶、上饭食。哈萨克族在用餐时有男女分席的习俗：如果人数较多，则男女客人分两个餐席；如果人数较少，则在同一餐席上用餐，靠近女主人一侧的位置坐女性，另一侧则坐男性。

6-4 ◆ 塔勒德

6-5◆新源县城

شاي ٴىشۉ [ʃaj iʃiw] "喝茶"

"喝茶"在哈萨克语中既可以指家人吃饭用餐，又可以指大家坐在一起喝茶聊天。大家坐在一起用餐或聊天时，家中的女主人会负责为宾客倒奶茶，碗中的奶茶多是大半碗，不会倒满，女主人一般会亲手将奶茶递到宾客手中，如果坐得较远，则由他人代劳传递。当奶茶喝完时，客人可直接将茶碗递回，女主人会再倒一碗，若已经喝好，则只需用手掌轻轻盖在碗口向主人示意。

شاي ىدىسى [ʃaj idisi] "茶具"

用来调制奶茶的器具。调奶茶的茶碗、茶匙和小茶炉等一般会摆放在木质的茶托盘上。

6-6◆新源县城

6-7 ◆坎苏

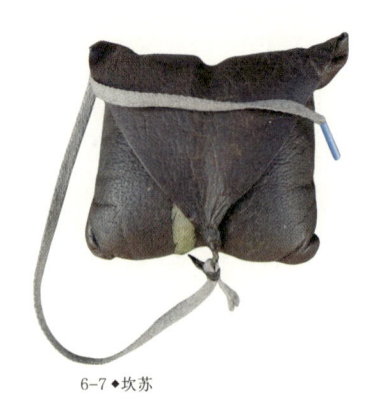

تەمەكى دوربا [themekhi dorba] "烟袋"

用于盛放烟叶的小皮袋。由畜皮缝制而成，口袋上部的烟袋盖呈三角形，盖端拴有长绳，可将装有烟叶的烟袋拦腰扎紧，防止撒漏。

بازارشلاۋ [bazarʃɤlaw] "赶集"

哈萨克牧民会定期在固定的地点进行商品交易。新源的一些哈萨克乡村都设有固定的集市地点，各个乡镇在时间上错开，每周定期轮流举办牲畜集市和杂货集市，并有专门从事集市贸易的货商售卖各类物品，以满足牧民商品交易的需要。

6-8 ◆坎苏

6-9 ◆坎苏

مال بازار [mal bazar] "牲畜集市"

出售和购买牛、羊和马匹等牲畜的交易市场。在乡村生活的哈萨克人大都以从事畜牧业为主，每周固定举办的牲畜集市是牧民售卖牲畜获得收入的重要途径。此外，在牲畜集市上还会有马掌师专门为马匹钉马蹄铁。

كوكتات بازارى [khøkthæt bazarɣ] "菜市场"

售卖蔬菜、水果、粮食、禽蛋和肉类的固定场所。一般设在人口较为密集的乡镇，在乡村生活的哈萨克牧民以从事牧业为主，很少从事蔬菜种植，因此菜市场是牧民购买蔬菜、水果等的主要场所。

6-10 ◆坎苏

二 娱乐

6-11 ◆ 新源县第一中学

[thoʁʁz qhumalaq] توعىز قۇمالاق "九子棋"

传统的哈萨克族九子棋由圆形木质棋盘和棋子组成，棋盘边缘处凿有18个椭圆形的棋舍，中间凿有两个鼎舍，以晒干的羊粪蛋做棋子，共计162颗。每个棋舍放置9颗棋子，双方以鼎舍的两端为界，各占面前鼎舍外缘的9个棋舍。

[qhol qhajʁʁʁsʁw] قول قايىرسۇۋ "掰手腕"

比试臂力和腕力的体育运动。比赛双方相向趴卧在地上，左手平放在胸前，右手用臂肘支撑，两人右手握紧，等裁判喊开始后，双方手腕用力，将对方小臂按倒在地则获胜。

6-13 ◆ 吐尔根

6-12 ◆ 新源县哈萨克族文化遗产展览馆

دويبى [dojbɤ] "哈萨克象棋"

哈萨克象棋的棋盘由64个黑白相间的方格组成,棋子24颗,由细木条削砍成的小木节制成。双方棋手各持12颗棋子,一方的棋子头部平滑,另一方的棋子头部呈羊角状。

بۇقا تارتىس [buqha tharthɤs] "公牛式拔河"

将绳索套在脖子上,然后两人俯身朝下,手脚抓地向相反方向角力的一种体育运动。绳索上中间和两侧分别系有红绳,将对方一侧的红绳拉过中间线则获胜。

6-14 ◆ 吐尔根

ساپار [saphar] "跳房子"

　　一种在地面上画的方格内跳跃的游戏。跳房子游戏最早起源于罗马，发展至今已成为一种世界性的儿童游戏。游戏开始之前，需先用砖瓦碎块或粉笔在地上画出一个呈飞机形状的房子，飞机内部共有7排。

6-16◆新源县第一中学

كۆرەسۇ [khyresiw] "摔跤"

　　双方以各种技术、技巧和方法奋力将对手摔倒在地的一种角力运动。摔跤是一项哈萨克族传统的体育运动，深受青年男子的推崇。双方身穿白色摔跤服，腰间扎一条腰带，以衣服边带和腰带的颜色区分红方和蓝方。比赛开始前双方需先握手致意，寓意友谊第一。比赛开始后，双方通过推、拉、拖、拽、翻摔、抱摔等一系列手法将对方摔倒，当将对方摔倒在地且背部着地时则获胜。

6-15◆吐尔根

6-18●新源县唐加勒克纪念馆

قوي ˈجۈننەن جاسالغان جارماق [qhoj dʒynnen dʒasalʁan dʒarmaq] "羊毛毽子"

用羊毛做成的毽子。牧民将较长的羊毛剪成整齐等长的羊毛束，底部固定在铜钱或圆形小铁片上制成羊毛毽子。

اعاش ات [ta ʑaʁaʃ] "跳马"

人们隔一段距离双手撑腿俯身站立，前后一字排开，最后面的人依次从前方的人背部跨过的一种体育游戏。最后一人跨到最前方后继续俯身站立供后面的人跨过，如此重复进行。

6-19◆坎苏

ات شابىس [at ʃabɤs] "赛马"

众人骑马赛跑的一种竞技运动。在新源的一些乡镇设有大型赛马场，每当盛大节日或礼俗宴会时会有专人负责组织赛马。组织者一般会提供奖金或马匹、牛羊作为奖品，并在赛马场上用彩旗围出一圈圆形的跑道。赛马开始前，为减轻赛马重量，一般选择富有经验并且体重较轻的儿童骑马参赛，马背上不设鞍具和马镫，只在头部套上用于控制马匹的笼头和缰绳。赛马开始后，参赛马匹需在跑道上奔跑二十圈，最先到达终点者获胜。

6-22◆新源县唐加勒克纪念馆

سۇ شاشقى [suw ʃaʃqhɤ] "木水枪"

可以利用压力吸水喷水的木质儿童玩具。木水枪由一个中空的木筒和带柄木棍构成，木筒底部凿有一个小孔，木棍底端缝有可以密封的皮革垫子，将木棍插在木筒中向后拉动时可以抽水，而向前推时水流便可喷射而出。

قىزقۋار [qhɤzquwar] "姑娘追"

姑娘骑马追逐并用皮鞭抽打男子的一种娱乐活动。节日、婚礼或举行盛会时，不同部落的哈萨克青年男女会两人结成一对，骑马向指定的地点走去，在路上青年男子会跟姑娘开各种玩笑，这时姑娘一般不会生气，到达指定地点后，青年男子就会驾马急速往回逃跑，姑娘则骑马紧追不舍，并用皮鞭抽打男子，惹得在场的人们哈哈大笑。"姑娘追"其实是一种十分有趣的相亲方式，不同部落和地区的青年男女通过这种方式相互认识，如果双方暗生情愫，则会结为连理。

6-20◆新源哈萨克族文化遗产展览馆展览照片

كوكپار تارتۋ [khøkpar thartɤw] "叼羊"

抢夺山羊的一种骑马竞技运动。每逢节日或举行盛会，健壮的哈萨克男子都会进行一场激烈的叼羊比赛。比赛前，人们宰杀一只两岁山羊，割掉羊头和四蹄、剖除内脏，并将羊的食道扎紧系牢，为了使羊不易被扯破，还会用水浸泡，使其变得柔韧。叼羊比赛精彩激烈，紧张刺激，同时也是一项加强团结合作意识的运动。

6-21◆新源哈萨克族文化遗产展览馆展览照片

پومزەك [phømzek] "羊毛球"

用羊毛做成的圆球形儿童玩具。羊毛球柔软圆滑、富有弹性,十分适合儿童玩耍。孩子们在地上并排挖四个小坑,在距小坑一两米处投掷羊毛球,投进坑中多者获胜。

6-24 ◆新源县唐加勒克纪念馆

اسق اتۇ [asʁq atʜw] "打羊拐"

羊拐是羊后腿上的膝关节小骨头。打羊拐是哈萨克族传统的攻守投掷游戏,一般男孩儿掷羊拐,女孩儿抓羊拐。当两个人玩时,一人进攻一人防守,多人玩时则一守多攻。比赛开始前每人会携带几颗羊拐,在平整的地面上画一条长线作为防守一方的据点,参与游戏的人每人在长线上放置一枚羊拐做砝码,每颗羊拐之间相距一拳以上,然后参与者抛掷羊拐,当羊拐为立面,即平面朝上,那么为进攻方,否则为防守方,防守方需站在长线后面。在进攻之前,进攻方会在距离长线两米处的地方再次抛羊拐,当羊拐平面朝上,则可以捡起羊拐用来掷打长线上的砝码,否则防守者就可以用手中的羊拐来打进攻者刚才抛下的羊拐。进攻方如一次把长线上的一个砝码击打到离原地三个脚掌的长度,则进攻方获胜;而如果防守方把进攻方抛下的羊拐击打出离原地三个脚掌之外的距离,则防守方获胜。

6-25 ◆新源县唐加勒克纪念馆

6-23◆新源县唐加勒克纪念馆

قۇڭىرلداۋىق ساعا [aʁaʃ zɤrɤldawɤq] "木陀螺"

上圆下尖可以抽打旋转的儿童玩具。由木块制成，尖端处镶有圆形铁片。

دومبىرا [dombɤra] "冬不拉"

冬不拉音色饱满圆润，外形古朴美观，是哈萨克族传统的弹拨乐器。冬不拉一般选用上好的整块松树木料雕凿而成，最初的琴弦由羊肠捻制而成，现已基本更换为尼龙线或铜制丝弦。冬不拉有[dʒambɤl dombɤra]"江布尔冬不拉"（见图6-26）和[abaj dombɤra]"阿拜冬不拉"两种形制，两种冬不拉的琴箱形状不同，音色也略有不同。江布尔冬不拉琴颈细长、琴箱呈椭圆形，以哈萨克族历史上著名诗人江布尔的名字命名，造型古朴别致，音色柔和优美，是最为常见的冬不拉样式。此外，还有[yʃ iʃekthi dombɤra]"三弦冬不拉"、[aqqhuw dombɤra]"天鹅冬不拉"、[qhos mojɤn dombɤra]"双柄冬不拉"。

6-26◆新源县第一中学

6-27 ◆新源县唐加勒克纪念馆

شەرتەر [ʃerther] "谢尔铁尔"

　　哈萨克族较为古老的弹拨乐器，最初的谢尔铁尔外观与冬不拉相似，但琴颈弯曲，体形短小，琴箱敞开无盖板，有一到两根琴弦，形制十分简单，被认为是冬不拉和禾布孜的前身。但随着历史的发展，谢尔铁尔逐步得到完善，人们用畜皮或蟒皮蒙住琴箱，以马鬃制琴弦，琴颈处增加弦品，使谢尔铁尔的音色和质量有了很大的提升。

ادرنا [adɣrna] "弓琴"

　　一种竖直摆放的多弦弹拨乐器。也叫"竖琴"，有高音、中音和低音三个音区，最初的琴弦由羊肠捻制而成。弓琴下方设有一个斜柱，当弓琴立起时形似拉满的弓箭，名称与形状十分契合。

6-29 ◆新源县唐加勒克纪念馆

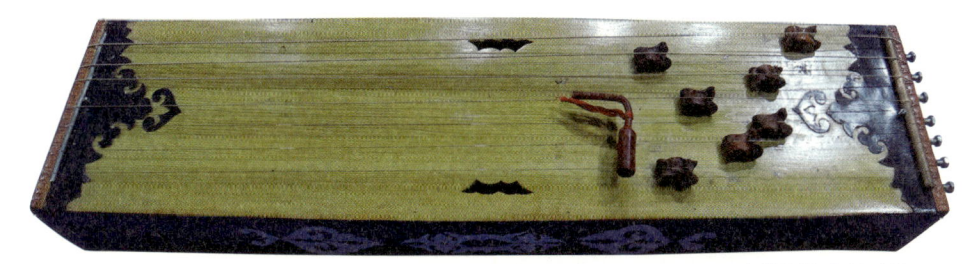

6-28 ◆新源县唐加勒克纪念馆

جەتىگەن [dʒethɪgen] "七弦琴"

有七根琴弦的卧式弹拨乐器。七弦琴的琴箱由整块松木雕挖而成，外形呈规则的长方形，琴身两侧对称排列七对弦柱，以柔韧的马鬃做琴弦，琴弦下方用羊拐做琴马，造型古朴美观，音色优美动听，外形与汉民族的古琴较为相似。

قىلقوبىز [qhʏl qhobʏz] "合勒禾布孜"

禾布孜小巧玲珑，可放在腿上演奏，是哈萨克族传统的弓拉弦鸣乐器。琴身由质地坚硬的红柳木凿挖而成，琴箱下部用畜皮蒙住，有三根琴弦，琴弦与弓弦由柔韧的马鬃制成。禾布孜音色低沉柔美，声音细腻富有情感，是深受哈萨克人喜爱的乐器。

6-30 ◆新源县唐加勒克纪念馆

سىبىزعى [sʏbʏzʁʏ] "竖笛"

音色柔和优美的管状乐器。管身细长，长约50厘米，顶部开有三个音孔，最初由干枯的蒿草秆制成，人们会在管身外扎系羊肠以防管身开裂。

6-31 ◆新源县唐加勒克纪念馆

6-33 ◆新源县唐加勒克纪念馆

دابىل [dabɤl] "鼓"

捶打鸣响的木制乐器。鼓身内部中空，一般用整块木料凿挖而成，鼓口处以牛皮或骆驼皮做鼓面，边缘用铁钉固定，鼓槌则是两根等长的木棍。人们在赛马、叼羊等比赛时会用鼓声来振奋人心，为赛手加油鼓劲。

سىلدىرماق [sɤldɤrmaq] "晃铃"

用手握住木柄摇晃发声的乐器。铃头形如倒扣的木碗，由胡杨木等实木凿挖而成，内部中空，外壁染成黑色后，用金银镀上花纹，下部边缘缀有细链流苏，晃铃中部插有用于抓握的红色细长木柄。晃铃奇特的造型富有神秘感，可能是古代萨满祭司使用的法器，现在在舞台上表演时使用。

داۋۇلپاز [dawɤlphaz] "支架鼓"

底部设有木制支架的小鼓。支架鼓一般由整块木料凿挖而成，单鼓面，鼓形上宽下窄，以牛皮、骆驼皮或山羊皮做鼓面，底部设有木制三脚架。支架鼓小巧玲珑，携带方便，外形美观，除了在节日或盛会时敲击用来活跃气氛外，还可以在野外用来驱赶野兽。

6-35 ◆新源县第一中学

6-34 ◆新源县第一中学

6-32 ◆新源县唐加勒克纪念馆

سازسىرناي [sazsɤrnaj] "埙"

陶制的中空吹奏乐器。由黏土塑造并烧制而成，上窄下宽，内部中空，除上部有一个吹孔外，正面左右对称排列六个发音孔，背面下方有两个调音孔。音色悠远低沉，凄婉柔美。

6-38 ◆新源县唐加勒克纪念馆

قوڭىراۋ [qhoŋɤraw] "羊角铃"

用羚羊角制作的乐器。将缀有小铜铃的铁环固定在钻有小孔的羊角上制成。羊角铃在摇晃时铃声清脆响亮，可以用来伴奏，也是哈萨克民间巫师经常使用的法器。

تاي تۇياق [thaj thujaq] "马蹄"

互相敲击发出声响的马蹄形乐器。由天然马蹄制成，马蹄表面绘有传统花纹，两侧钉有铁环，可以扎系皮条。演奏时，将马蹄套在手上，在胸前相互敲击，可以模仿骏马疾驰时的音响效果。

اساتاياق [asathajaq] "板摇铃"

板状的乐器。由桦木、核桃木或胡杨木等制成，头部宽大，木柄细长，上部的木板上凿有三孔，边缘处镶嵌圆形铁片和铃铛，很可能是古代萨满巫师用于祭祀的法器，现在用于舞台上表演的伴奏。

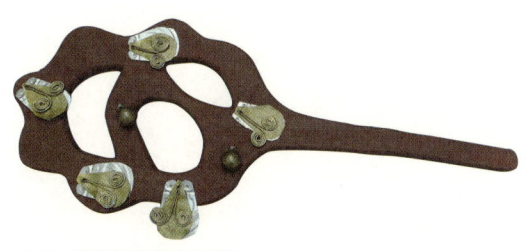

6-36 ◆新源县唐加勒克纪念馆

6-37 ◆新源县唐加勒克纪念馆

6-39 ◆新源县城

قارا جورعا [qhara dʒorʁa] "黑走马"

哈萨克族最具代表性的民间传统舞蹈，有单人独舞、双人对舞和集体群舞等多种形式。其中以男女双人对舞最为常见，跳舞时，男性模仿马的走、跑、跳、跃等姿势，动作张弛有度，而女性则模仿绣花、擀毡、浣衣等动作，时而羞涩遮面，时而前后俯仰，动作优美舒展，舞姿活泼奔放，节奏感和感染力极强。"黑走马"是哈萨克人在长期的游牧生活中创造出来的舞蹈艺术瑰宝，极富观赏性和感染力，是流传极为广泛和深入人们生活的一种舞蹈形式，在新源，哪里有盛会，哪里就有"黑走马"。

ايتىس [ajtʰɤs] "阿依特斯"

即诗人对唱，是一种历史悠久的哈萨克族民间传统艺术形式。每逢节日或宴会，人们或搭建唱台，或在地上铺一张花毡，邀请两位诗人对唱，对唱时诗人一边手弹冬不拉，一边即兴说唱。阿依特斯对诗人有很高的要求，诗人必须知识渊博，才思敏捷，出口成章，才能在对唱时对答如流，以理服人。

6-40 ◆新源县哈萨克族文化遗产展览馆

اقىن [aqɤn] "阿肯"

阿肯是哈萨克的对唱诗人（歌手），哈萨克族凡遇重要场合或喜事，都会举办阿肯弹唱会。

6-41 ◆新源县唐加勒克纪念馆

三 信奉

قۇران وقۋ [qhuran oqhɤw] "念经"

每逢开斋节和古尔邦节，哈萨克人在参加完清真寺的礼拜后，都会到已故先人的墓前祭祀祷告，为先人祈福。祭祀时人们双膝跪地，双手向上抬至胸前，然后念经祈祷，祈祷完之后双手放于腿上，默坐念词之后再起身。

6-43 ◆坎苏

اتا سۋرەتى [atha sywrethɨ] "祖先画像"

部落祖先的画像。祖先肖像的下方绘有记录祖先后代的名字和关系的主线图，并且对每个支系的家庭户数和人口数量都做了详细的统计。

شەجىرە [ʃedʒire] "族谱"

以表谱系形式记录部落世系繁衍和人物事迹的书籍。哈萨克族十分重视宗法教育，父母从小就会教育孩子记诵七代祖先的名字，有"不知七代先祖名的是孤儿"的民谚。

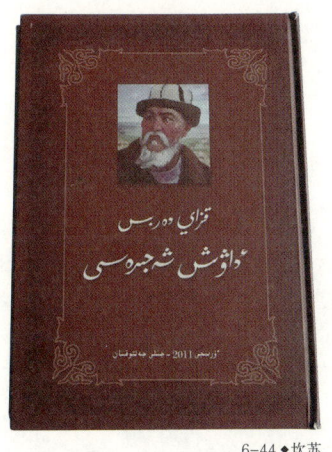

6-42 ◆坎苏

6-44 ◆坎苏

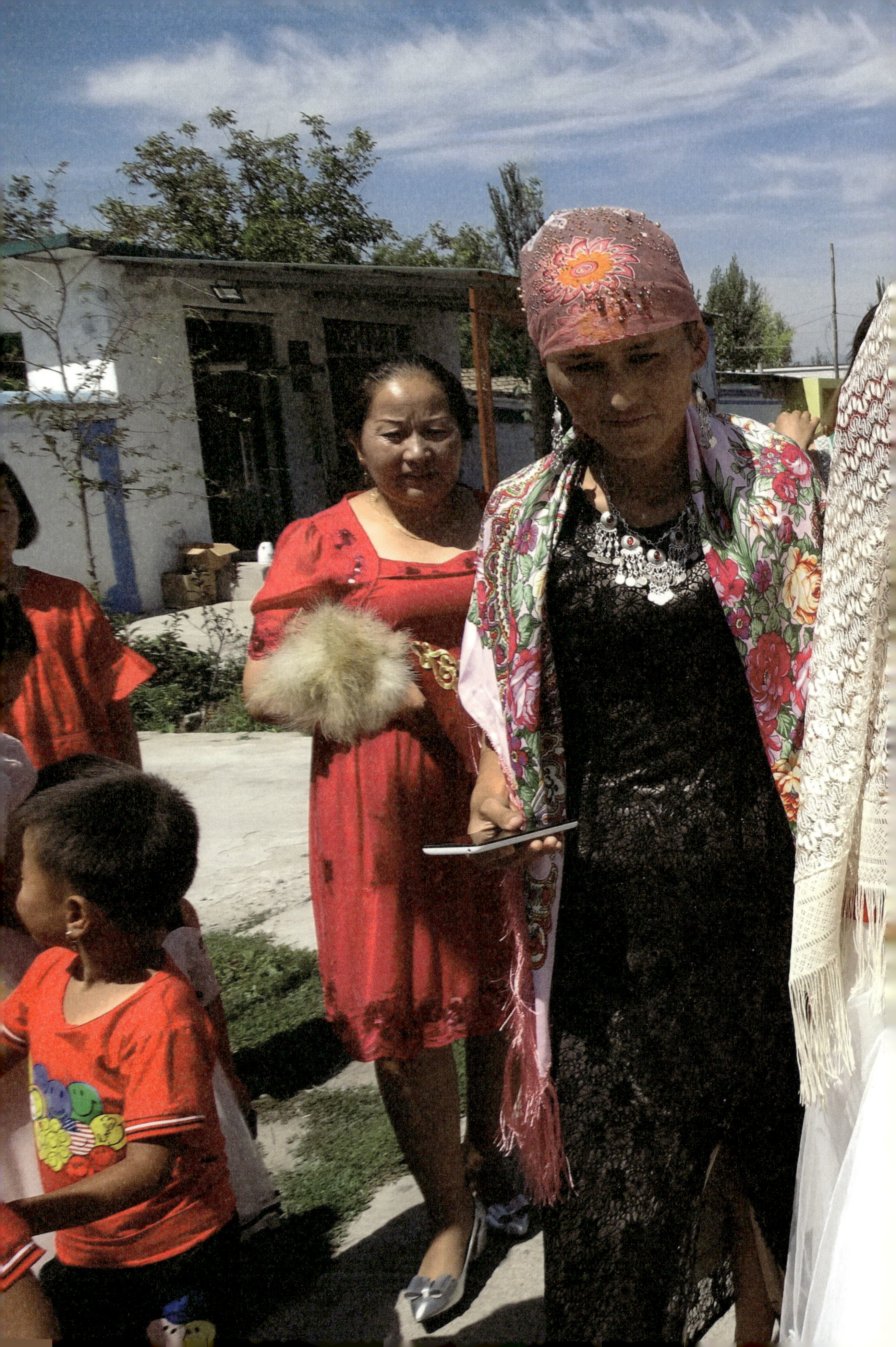

柒·婚育丧葬

按照哈萨克族的婚俗传统，不同部落之间相互通婚，如果同一个部落内的男女结婚，则双方的血缘关系必须要超过七代。

当孩子到适婚年龄时，父母都会为孩子物色对象，选亲主要有三种方式：一是父母托人介绍合适者；二是男方看中姑娘后请父母说亲；三是男女双方在"姑娘追"或"阿肯弹唱"等娱乐活动上互生情愫，请父母商量婚事。在选择对象时，男方父母尤其注重女方母亲的品德和言行，哈萨克人认为在女儿的成长过程中，母亲对女儿的影响最为深刻，有"看母亲娶女儿"的说法。选好对象后，即由男方派人到女方家中提亲。

哈萨克人的传统婚礼程序主要有：说亲、订婚、送彩礼、女婿登门、送嫁、迎亲和新娘过门。由于以前交通闭塞，女儿在远嫁后一生都很难相见，因此娘家会大摆宴席，为女儿举行盛大隆重的送嫁仪式，仪式结束后，女儿会悲伤地唱起哭嫁歌，感

谢父母的养育之恩，亲人别离场面催人泪下。旧时，男方的彩礼，少则十几匹马，多则几十匹马，不足者以牛羊充抵。也正是因此，为了保护家庭和部落的财产，如果女子丈夫早逝，则其丈夫的兄弟或同一个部落中的男子有权娶这位女子做妻子。

现在，哈萨克人的婚礼也随着时代的发展有所变化，"兄终弟及"的婚俗逐渐消失，以男女双方自由恋爱为主，婚礼的程序相对简化，并在婚礼中添加了出嫁途中广场欢跳集体舞和新娘过门当晚在宴会厅举行婚礼晚宴等环节。

以前，哈萨克族有"还子"习俗，即爷爷和奶奶会收养自己的第一个孙子做儿子，这个孩子则称呼自己的亲生父母为哥哥和嫂子。这种风俗在旧时卫生条件较为落后的年代有合理的一面，老人在哺育婴儿方面拥有丰富的经验，"还子"习俗其实是对新生儿的一种保护手段，同时也可以使孤独的老人获得慰藉。不过，随着时代的发展和进步，这种习俗现在已极为少见。

一 婚事

7-1 ◆塔勒德

قۇدالىق سۆيلەسۇ [qhudɑlɤq søjlesɨw] "说亲仪式"

男方到女方家中提亲的仪式。以前，子女的婚姻大都由父母包办，当男女双方都到了适婚年龄且门当户对时，一般由男方委托部落中德高望重的长者或男方父亲亲自到女方家中提亲。如果女方同意亲事，就会宰杀一只羊热情地款待对方，双方约定好订婚的日期，在临行前女方会为男方的父亲亲手披上一件绣花长袍。提亲者回到家中就会召集亲朋好友商量订婚事宜。此外，在哈萨克族的婚俗中，同一部落内的成员不允许通婚，若要通婚，则亲属关系必须在七代以外。

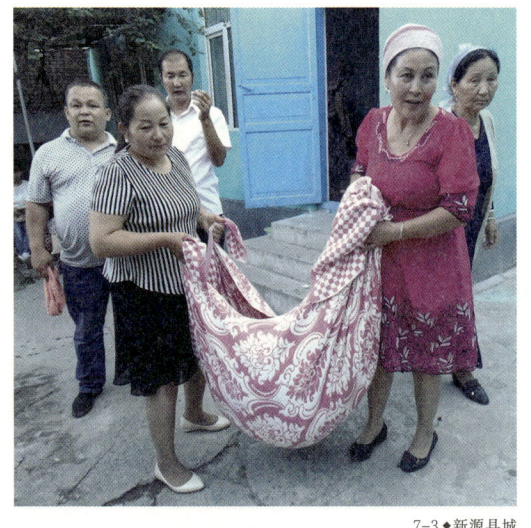

جىرتىس [dʒɤrthɤs] "评彩礼"

订婚仪式结束后，男方按照女方要求准备彩礼，彩礼准备好之后，男方邀请自己的亲朋好友来到家中，然后当面将装有彩礼的毛毯从缝线处剪开，大家一同查看、评论彩礼是否满足女方的要求。亲友们也会带一些礼物来，以弥补主人准备不足的部分，准备妥当后，由新郎亲自将彩礼送到女方家中。

7-3 ◆新源县城

7-2◆新源县城

ۇكى تاعۋ [ykhɨ thaʁɤw] "戴鸮羽订亲"

订婚之日，男方父母和亲友们会带上马匹和布料等一些礼物到女方家，女方家热情招待，双方商定好婚事和彩礼等事宜后，男方母亲会亲手给未来的儿媳戴上有猫头鹰羽毛的头巾，寓意双方结亲。

قالىڭ مال [qhalɤŋ mal] "彩礼"

婚礼举行之前，男方送给女方的聘金和聘礼。在传统的哈萨克族婚俗中，女方向男方索要的彩礼，少则十七或四十七匹马，多则七十七匹马，不足者以牛羊代替。现在人们的思想逐渐开放，以赠送聘金和被枕等彩礼为主。

7-4◆新源县城

7-5◆新源县城

ۇرىن بارغۋ [urɣn barɣw] "女婿登门"

当女婿和父母、亲戚携带彩礼第一次到女方家时，女方会叫来亲朋好友举办仪式热情迎接。当女婿离女方家门一里地时，会下马徒步行走，男的父母和亲戚先到女方家中，女方父亲会站在门口迎接未来的女婿进门，女方母亲则手端圆盘抛撒糖果。

جاساۋ جابدىق [dʒasaw dʒabdɤq] "嫁妆"

女子出嫁时，娘家人为新娘准备的结婚用品。女方家人会视男方赠送彩礼的多少准备相应的陪嫁物品，一般包括精美的绣花被枕、客褥、地面木板架、日用家具等。在嫁妆中，能够体现刺绣技艺和水平的绣花壁毡必不可少，一般由新娘亲手缝制。

7-6◆新源县城

7-7◆新源县城

كەستەلى جاستىق [khestheli dʒasthɤq] "绣花枕头"

以锦缎或毛绒布做布面缝制而成的方形枕头。表面绣有精美花草纹饰，是哈萨克姑娘出嫁的必备物品。哈萨克族认为"七"是吉祥数字，因此所准备的被枕嫁妆一般是七个。

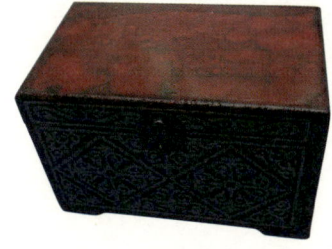

7-8◆新源县唐加勒克纪念馆

قوبدي [qhobdɤj] "小木匣"

木制的小木箱。小木匣外形别致，小巧精美，是姑娘出嫁时用来盛放金银首饰等贵重物品的器物。一般选用上好的木材打制而成，木匣表面涂有树漆，正面绘有花纹，箱盖前方设有锁扣。

7-9◆新源县城

7-12◆新源县第一中学

بۇرىم ٴورۇ [burɣm øriw] "梳辫"

哈萨克族女子在出嫁时会梳麻花辫。梳麻花辫时需将头发梳在头后，分成几股后编成状如麻花的长辫。

كۆمىس الڨا [khymis alqha] "银项牌"

挂于颈部的银制牌饰。项牌一般由多块银牌拼接成，牌面上花纹精美，下部缀有银穗流苏，银牌两头上翘，形如野兽犄角，顶端设有银制细挂链。银项牌是哈萨克姑娘出嫁时挂于脖颈的饰品。

ساۋكەلە كيگىزۋ [sæwkhele khijgiziw] "戴婚帽"

将头发梳成麻花辫后，家中的亲戚会为新娘郑重地戴上高筒婚帽。

7-10◆新源县城

ساۋكەلە [sæwkhele] "新娘鸮羽高筒帽"

新娘头戴的饰有鸮羽绒束的高筒皮帽。由猫头鹰羽毛、帽筒和垂肩侧帘构成，帽筒高耸，长约两拃，状若山峰。帽里由兽皮、衬布等材料制作而成，以丝绸锦缎、绢丝布料做帽面，帽筒正面镶嵌金银条制花纹，红白宝石点缀其间，帽檐两侧饰有珍珠坠帘，长可垂肩。新娘高筒帽雍容高贵，精致华美，是哈萨克女子出嫁时头戴的新娘礼帽，极具民族特色。

7-11 ◆ 新源县城

قىز ۇزاتىۋ [qhɤz uzɑthɤw] "送嫁"

娘家在新娘出嫁时为其举办盛大的仪式。哈萨克女子出嫁时的仪式非常隆重，娘家人宰杀绵羊和马匹举办丰盛的宴席，邀请部落中的亲戚好友前来参加庆贺，家境丰厚者则会同时举办热闹的赛马、叼羊或阿肯弹唱等娱乐活动。

7-13 ◆ 新源县城

7-14 ◆新源县城

سىڭسىما كۆرىس [sɤŋ sɤma køris] "哭嫁"

  姑娘出嫁当天，在招待前来迎亲的新郎时，女方母亲在席间会将女儿托付给新郎，叮嘱新郎要好好对待新娘。等新娘戴好婚帽后，母亲前来与女儿道别，哭诉离别之情，依依不舍，殷殷嘱托。

كەلىن ئتوسىرۋ [khelin thysiriw] "迎亲"

  在以前，姑娘出嫁当天，新郎会骑着骏马和亲朋好友们前来迎亲，一路护送姑娘出嫁的队伍回到家中。现在，随着婚礼形式的演变，新郎会开着喜庆的婚车带着迎亲的车队前来迎接新娘。

7-15 ◆新源县城

7-16 ◆塔勒德

اساба [asaba] "司仪"

  主持婚礼仪式的阿肯诗人。哈萨克族的婚礼司仪一般由出口成章、才思敏捷、能弹会唱、多才多艺的阿肯诗人担任，当新郎将新娘接回家中，司仪会弹起节奏欢快的冬不拉高唱劝嫁歌，迎接新娘进门，并为新娘唱揭面纱歌。

اتقا مىنگەن بالا [atqha mingen bala] "喜童"

  送嫁队伍到男方家时，迎接新娘下马的儿童。在传统哈萨克婚礼中，当送嫁队伍距男方家还有一里地的地方，由男方派出的男童迎新娘下马，这时男童便骑着新娘的马匹到男方家中报喜，众多亲朋好友从家中出来迎接新娘，男童则会获得人们给的报喜礼。

7-17 ◆塔勒德

7-18◆塔勒德

جەلەك تاعىۋ [dʒelek thaʁɤw] "盖面纱"

两位年轻的男方嫂子在离家门不远处迎接新娘,并为新娘盖上缝有猫头鹰羽毛的提花坠穗方巾做面纱。随后,两位年轻的嫂子一左一右搀扶新娘,在亲朋好友的簇拥下,朝男方家中走去。

بوساعا اتتاۋ [bosaʁa atthaw] "新娘进门"

众人在冬不拉的伴奏下,高唱劝嫁歌,两位年轻的嫂子搀扶新娘走进家门,这时男方的父亲站在门口迎接,母亲则端着盛有糖果的圆盘向新娘抛撒喜糖和干果,祝福婚姻幸福,生活富足,参加婚礼的人们则争先恐后地捡拾喜糖,场面十分热闹。

7-20◆塔勒德

7-19 ◆ 塔勒德

جار ـ جار ايتۋ [dʒar-dʒar ajthɤw] "唱劝嫁歌"

  唱劝嫁歌是哈萨克族非常有民族特色的婚礼仪式,众人簇拥着新娘向男方家中走去时,司仪会弹着冬不拉带领年轻男子高唱劝嫁歌,主要内容是告诉新娘男方亲人和蔼亲善,生活富足。欢快的歌声可以消除新娘对陌生环境的惶恐和不安。

سالەم جاساۋ [sælem dʒasaw] "行拜谢礼"

新娘在两位嫂子的搀扶下来到公公和婆婆面前，脚下的地毯上铺着白布，白色的方布寓意新娘在婚姻道路上平安无阻。这时一人手持系有红白两色布块的树枝站在前方，司仪

7-21 ◆塔勒德

抱起冬不拉边弹边唱揭面纱歌,向新娘介绍男方家中的亲属、生活习惯和部落规矩,希望新娘做一个孝敬公婆、和睦妯娌、勤劳持家和贤良淑德的好儿媳。

7-22 ◆塔勒德

باتا بەرۋ [batha beriw] "致祝福辞"

阿肯诗人唱完揭面纱歌后，人们会邀请当地部落的[molda] "毛拉 伊斯兰教神职人员"或德高望重的长者为新婚夫妇致祝福辞，祝愿新人婚姻幸福、家庭和睦、早生贵子、身体安康、生活富足。众人站在原处，双手向上抬至胸前，听致辞。

توي باعاىى [toj baʁaʁɯ] "喜帖"

即将结婚的新人向亲朋好友发出的婚礼邀请函。哈萨克喜帖的形式多种多样，充满民族特色，一般在正面印上精美的毡房天窗图案，寓意成家立业，而背面则印上邀请语、被邀请人的姓名、婚礼举行的地点、时间和联系方式，以及新婚夫妇与父母的姓名。

7-23 ◆ 新源县城

شىمىلدىققا ۇكى تاعۇ [ʃɯmɯldəqqha ykhi thaʁɯw] "婚帘缝鸮羽"

哈萨克人认为猫头鹰长相奇异，叫声神秘，能在夜色中目视一切，是具有通灵本领和令万物生畏的神鸟，人们将猫头鹰的羽毛绒束挂在家中婚帘上，用来驱除邪祟，避免灾祸。

7-24 ◆ 坎苏

7-25◆塔勒德

شىمىلدىق [ʃχmχldχq] "婚帘"

毡房内新婚夫妇晚上休息时放下的红色帷幔。婚帘形似窗帘，用细毛绒布或绢丝布料缝制而成，一般挂在毡房左侧靠里位置的曲橡木杆上，由于毡房顶部呈圆锥形，房顶有内倾的角度，所以在放下婚帘时会形成一个密闭的空间，可供新婚夫妇躺在里面休息。婚帘做工精致，美观实用，一般晚上放下，白天将两侧的垂帘拴系在毡房格栅木墙上。在城镇中定居的哈萨克人也会在卧室的墙壁上挂上婚帘，用于装饰。

7-26 ◆坎苏

تۇستىمە ايتۇۇ [thysthime ajthɣw] "木杵催生"

以前交通不便，产妇临盆时大都在自己的毡房内分娩。由于卫生条件有限，产妇分娩时会面临较大的危险，人们会为产妇的安危而忧心。万分焦急时，家中的老人会两手紧握一根粗壮的春麦木杵，环绕毡房一边走，一边用木杵撞击地面，并自言自语"生了吗？生了吗？"，以祈求母子平安。

جارىس قازان [dʒarɣs qhazan] "催生肉"

产妇分娩时，在毡房外焦急等候的人们会宰杀一只羊，将羊肉切块后放入锅中炖煮，并观望是产妇先生下婴儿还是羊肉先煮熟，如果肉已煮熟而婴儿仍未出生，则将肉块给人们分食，并且在吃的时候说"快点吃！快点吃！"，以祈求婴儿尽快顺利降生。

7-27 ◆塔勒德

7-28◆新源县城

قويشى ما جەلقەشى ما دەپ سۇراۋ [qhojʃɤ ma dʒɤlqhɤʃɤ ma dep suraw] "询问性别"

  产妇分娩时，无论是丈夫还是其他亲友，只能在毡房外面等候。当婴儿降生并发出第一声啼哭后，产房内的人会尽快向在外面焦急等候的人报喜，但并不会直接说出婴儿的性别，而是以[qhojʃɤ]"羊倌儿"和[dʒɤlqhɤʃɤ]"马倌儿"代替，"羊倌儿"指男孩，"马倌儿"指女孩。

قالجا سويۇ [qhaldʒa sojɤw] "宰哈勒扎羊"

  在哈萨克语中，[qhaldʒa]"哈勒扎"意为"产妇补养肉"，是专为产妇宰杀的羊肉，为波斯语借词。产妇在分娩后身体极为虚弱，此时家人会宰杀一只羊，将肉块煮熟后供产妇食用，用来滋补和调养身体，使其尽快恢复精力和元气。

7-29◆新源县城

7-30 ◆塔亚苏

شىلدەحانا [ʃildeχana] "贺生晚宴"

新生儿出生后,家人会向第一个看到婴儿的人赠送一块布料做见面礼,然后安排专人向部落中的人们报喜。哈萨克人认为有新生儿降生是整个部落的喜事,人们都会携带布料等礼物前来庆贺,这时主人在产妇休息的地方挂起帘子,并宰羊煮肉举办贺生晚宴。

بەسىككە سالۋ [besïkkhe salɤw] "摇篮礼"

在婴儿出生之前,爷爷和奶奶一般都会为即将出生的孩子准备好摇篮。新生儿出生几天后,脐带会自然脱落,这时家中的妇女就会邀请部落中的妇女为孩子举办摇篮礼,来参加摇篮礼的妇女会携带"狗衫儿"、毛毯等做礼物。

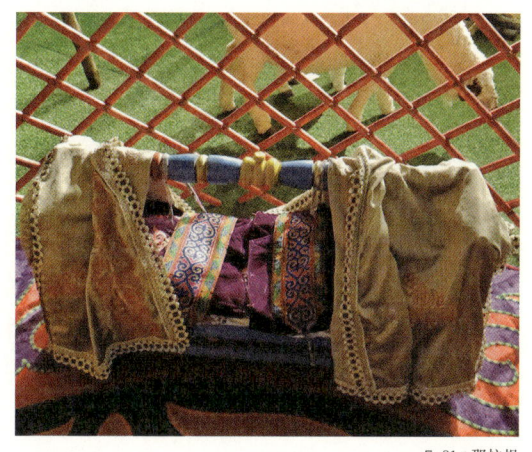

7-31 ◆那拉提

ئىيت جەيدە كىيگزۋ̊ [ijt dʒejde khijgiziw] "反穿狗衫儿"

在举办摇篮礼的时候，为产妇接生的接生婆会带着两件为孩子做好的"狗衫儿"前来庆贺。"狗衫儿"是新生儿的第一件衣服，由柔软的布料缝制而成，为避免刮伤婴儿，制作的时候一般针脚朝外且没有扣子，衣服上方无领，寓意孩子长命百岁，衣服的下部边缘处不缝针锁边，认为若缝起来则孩子以后会说话不流利。

7-32 ◆ 坎苏

توساۋ كەسەر [thusaw kheser] "学步礼"

当孩子快一岁时，父母会邀请部落中的孩子来家中做客，热情招待之后，让孩子们跑步比赛。然后在自己孩子的脚上象征性地拴上煮熟的羊肠子，请在比赛中跑得最快的那个孩子为自己的孩子割断脚上的羊肠，寓意孩子走路稳当，健步如飞。

7-33 ◆ 塔勒德

7-34 ◆坎苏

اتقا مىنگىزۋ [atqha mingiziw] "骑马礼"

哈萨克儿童第一次骑马时举行的仪式。哈萨克族是以游牧为生的草原民族，因此从小就注重孩子骑马技能的锻炼和培养。孩子到四五岁的时候，父母会为孩子举办骑马礼，举行仪式时，母亲会在孩子的头上插上一束猫头鹰羽毛，父母会在一匹驯化的三岁马驹背上备好小型鞍具，由一位长者将孩子扶上马并致[batha]"巴塔"祝福辞。

7-35 ◆坎苏

سۇندەتكە وتىرعىزۋ [syndetkhe othɤrʁɤzɤw] "割礼"

一种为适龄男童割除生殖器包皮，并庆祝其成为男子汉的人生礼仪。当男孩在5—7岁时，父母会为孩子举行割礼仪式。举行割礼时，富有经验的毛拉为孩子割除包皮后，习惯上用经过烈火焚烧后残余的草木灰烬盖在伤口处消炎。割礼结束，孩子家人会宰杀牛、羊款待毛拉和来访的宾客，而殷实富裕的一些家庭还会专门组织赛马、叼羊等娱乐活动为孩子庆贺。

سىرعا توي [sɤrʁa thoj] "耳环礼"

为庆祝适龄女童戴耳环而举办的仪式。哈萨克姑娘在三四岁时，父母会邀请有经验的首饰匠人或妇女为孩子打耳洞。等到姑娘长到六七岁可以戴耳环时，父母会宰羊煮肉邀请亲戚朋友前来共同庆祝并举行耳环礼。

7-36 ◆坎苏

三 丧葬

7-37 ◆新源县城

اتاۋ كەره [athaw khere] "临终饭"

人将去世时，身体会稍有好转，称为回光返照，这时家人会做好其平时最喜欢的饭食让其品尝，以使其安然离世，不留遗憾，哈萨克人将这顿饭称为"临终饭"。

كيىگىز ٴۇي تىگۋ [khijgiz yj thıgıw] "搭丧棚"

人去世之后，家人会专门搭建一顶毡房用于停放逝者的遗体。并在丧棚前竖起一根长杆，在杆头挂吊唁旗。旗子的颜色视逝者的年龄而不同，老年人挂白旗，年轻人挂红旗，中年人则挂半红半白的吊唁旗。

7-38 ◆新源县城

7-39 ◆塔勒德

اقرەتكە وراۋ [aqhretkhe oraw] "包裹遗体"

人去世后，家人会将逝者的遗体头朝西、脚向东平放在毡房里面的右侧，并用一块白布从头沿耳部向下缠住逝者的下巴，以防下颌脱开，用白布盖住脸部后，在逝者的头部上方悬挂一面镜子，旁边设帷帐围挡遗体。然后家人会按照逝者的性别邀请当地德高望重的老人净洗遗体，净洗时会为逝者用清水擦拭周身、整理指甲和头发。若逝者为男性，还需刮去胡须，为遗体缠裹三层白布；如逝者为女性，则缠裹五层白布，并在头上围上一块白布。缠好白布后，人们再用花毡包裹遗体。为表达谢意，家人会为洗逝者头部、上身和下身的人分别赠送帽子、衣服和靴子。

جانازا [dʒanaza] "加那扎仪式" ｜ سۈيەك شىعارۋ [syjek ʃʁaʁɤw] "出殡"

人们将遗体抬出毡房，为逝者举行"加那扎仪式"。毛拉诵念经文为逝者祈福后，向参加葬礼的众人大声询问逝者生前是个怎样的人，人们大声回答逝者是一个善良的好人，祝愿逝者早日安息。

7-40 ◆塔亚苏哈拉赛

7-41 ◆塔亚苏

جەرلەۋ [dʒerlew] "下葬"

人去世后，家人会请专人在部落墓地挖掘坟墓。先挖一个深约两米的长坑，然后在长坑长度较短一侧的内壁上，再深掏一个用于放置逝者遗体的长洞。送葬的队伍来到墓地后，先由毛拉诵念经文为逝者祈福，然后几人下到长坑中把遗体安放在长洞中，并用树枝将洞口盖好，这时逝者的儿子和其他亲人依次在洞口处撒土，然后再每人铲一铲土向坑中填土，直至将长坑填平。墓坑填好后，人们会在坟墓上方堆成一个小土丘，前方插上长杆或木牌做标记。

اتىن تۇلداۋ [atʰɤn tʰuldɑw] "剪马鬃祭"

有人去世后，家人会将其平时骑的马匹的鬃毛和马尾剪掉，并把剪下来的马鬃和马尾挽起来系好保存。该马匹会被好好饲养，不允许任何人再骑或鞭打，等到逝者周年祭时宰杀祭祀。逝者生前用过的马鞍在周年祭前也不允许使用。

7-42 ◆坎苏

7-43 ◆塔勒德

ولگەن كىسىنىڭ كىيمدەرىن جايىپ قويۋ

[ølgen khisiniŋ khijimderin dʒajʁp qhojʁɤ] "挂逝者衣物"

人去世后，其家人会将逝者生前穿的衣服挂在房间内以表示缅怀和哀悼。

قابىرلىق [qhabʁrlʁq] "坟地"

哈萨克族的每个部落都会有单独的墓地，同部落中有人去世后，会埋葬在同一个公共墓地中。有时同一个家庭中的成员去世后，其坟墓会前后紧密地排列在一起，久而久之便形成了一个家族墓地，这时后人会在坟墓边缘筑上土墙，作为与其他家族墓地区分的标记。

7-46 ◆塔亚苏

7-44 ◆塔亚苏

جىلدىعىن بەرۋ [dʒɤldɤʁɤn beriw] "年祭"

逝者去世满一周年举行的祭祀活动。哈萨克人举办的周年祭十分隆重，逝者的亲属和朋友大都会携带牲畜和物品前来参加。举行周年祭时，逝者的亲人哭着与逝者生前的坐骑告别，将坐骑宰杀，并将挂在毡房旁边的唁旗取下，把木杆折断。此外，家人宰杀牲畜，办宴席招待前来祭祀的宾客。

قابىر [qhabɤr] "坟墓"

哈萨克人实行土葬，逝者不用棺椁，也不会在墓中放置陪葬品。在去世当天挖好墓坑，下葬后，人们将墓坑填平，并在其上堆小土丘做标记。逝者去世满一周年后，再修建墓碑和围墙，围墙一般由砖石砌成，呈正方形，将坟墓围住，围墙上设有可以进出的小门，围墙内种植树木。

7-45 ◆塔亚苏

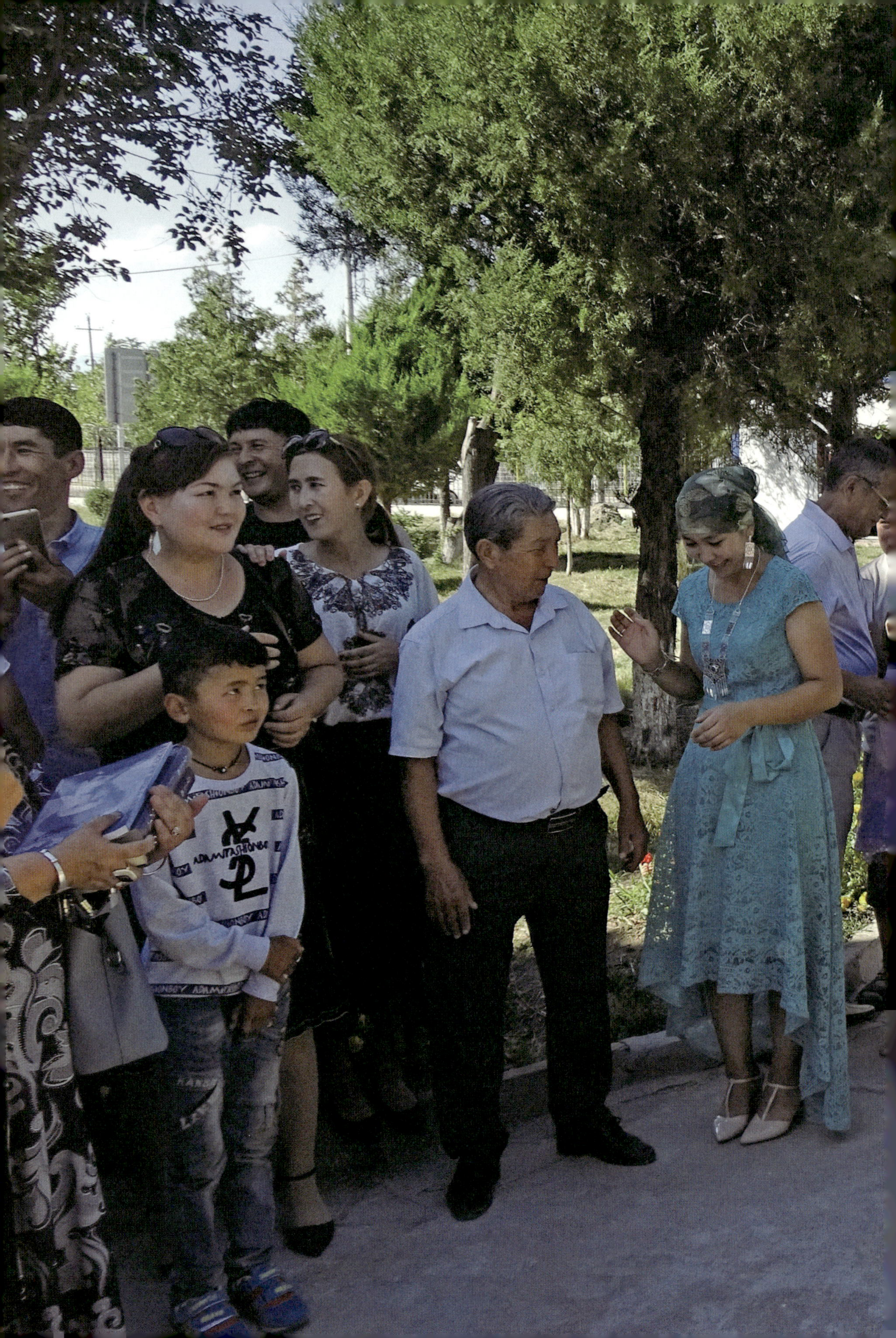

捌·节日

哈萨克族的传统民族节日有三个，分别是纳吾鲁孜节、开斋节和古尔邦节。

"纳吾鲁孜"是哈萨克族历法中的第一个月，纳吾鲁孜节在每年的春分时节举行，因此是哈萨克族的"新年"和"春节"。作为一年的开端，哈萨克人为纳吾鲁孜节赋予了丰富的内涵。每年纳吾鲁孜节前夕，哈萨克族男子都会在房前屋后种植树木，清理泉眼，修整棚圈。而勤劳贤惠的哈萨克主妇则会将房屋打扫得干净整洁，制作营养美味的纳吾鲁孜粥，在餐桌上摆放丰盛的美食，用来款待来访的宾客。人们身着节日的盛装走亲访友，相互拥抱并祝愿对方新的一年牛羊满圈、生活富足。此外，哈萨克族年轻人会在上一年宰杀冬肉时特地将羊头留下，并且一直保存到纳吾鲁孜节这一天赠送给父母或老人，寓意知恩图报。

开斋节也叫肉孜节,是穆斯林在斋月后为庆祝封斋、"斋功"圆满完成而举行的节日。在开斋节的早上,男人们沐浴后穿着盛装到清真寺做礼拜,相互庆贺封斋完成,做完礼拜后会到已逝先人的坟墓旁边诵念经文,为先人祈福,然后人们便会结伴走家串户,向主人致以节日的祝福。妇女们则留在家里,在餐桌上摆上馓子、油饼、油馃子、果酱等食品招待客人。开斋节一般会连续举行三天。

　　古尔邦节是纪念伊斯兰先知的节日。哈萨克成年男子在早上到清真寺参加礼拜后,会到已逝先人的墓地上念经祈祷。回到家后,人们会将事先准备好的羊宰杀,作为牺牲品向真主献祭,祈求安拉赐予福报。古尔邦节又称 [ylkhen merekhe] "大节",是哈萨克族十分重要的节日,节日前夕,外出的游子都会赶回家中与亲人团聚,祝福亲人身体安康,共享节日的欢乐。

一 纳吾鲁孜节

8-2 ◆塔勒德

ناۋرىز كوجە جاساۋ [nawrɤz khødʒe dʒasaw] "熬纳吾鲁孜粥"

用大米、小麦、小米、面粉、奶疙瘩、肉和盐等七种食材一起熬煮制成的粥。哈萨克人认为数字"七"是代表丰收和富足的吉祥数字，因此在新年的第一天食用纳吾鲁孜粥，寓意在新的一年中牲畜满圈、谷物丰收。

ناۋرىز مەرەكەسى [nawrɤz merekhesi] "纳吾鲁孜节"

哈萨克族的传统民族节日，在每年的3月20日或21日春分时举行，这时冰雪消融，万物复苏，哈萨克人认为是一年的开始。人们身着节日盛装，男人们成群结队地走亲访友，妇女们会熬煮美味的纳吾鲁孜粥，在家招待来访的宾客。

8-1 ◆塔亚苏

二 开斋节

8-4 ◆则克台

ورازا ايت [oraza ajt] "开斋节"

在斋月的最后一日的晚上，人们会在天上寻找新月，若见新月则次日开斋，并举行隆重的开斋节（即肉孜节），否则斋月顺延，但顺延时间一般不会超过三天。人们身着民族盛装，男子在早上到村庄附近的清真寺做礼拜，庆贺"斋功"圆满完成。

ورازا ۇستاۇ [oraza usthaw] "封斋"

在每年伊斯兰教教历的九月，穆斯林大都会进行为期一个月的"封斋"，又称[ramazan ajɤ]"斋月"。每年这个月除孕妇幼童、残障人士、年迈体弱者外，所有成年人白天不得饮食、娱乐，直到太阳西沉方可进食，日出之前再用一餐。

8-3 ◆坎苏

三、古尔邦节

8-5 ◆ 塔亚苏

قۇربان ايت [qhurban ajt] "古尔邦节"

每逢古尔邦节，哈萨克男子都会在清晨沐浴更衣，到清真寺做礼拜，礼拜结束后人们到墓地祭祀先祖，为逝者祈福，然后回家宰羊煮肉，准备丰盛的餐食用来招待宾客。

قۇربان شالۇ [qhurban ʃalʏw] "宰牲"

伊斯兰教的古尔邦节来源于古老传说，该节宰牲被认为是贡献祭品。

8-6 ◆ 新源县城

8-7◆新源县城

ماڭدايعا قان جاعۇ [maŋdajʁa qhan dʒaʁɤw] "羊血点眉心"

哈萨克族虽信仰伊斯兰教，但是至今在人们的日常生活中仍然遗留有较为浓厚的萨满风俗，在宰羊时，人们会把从羊颈中流出的羊血点在额头上，认为将羊血涂在脸上可以祛除邪祟，是吉祥的象征。

ەت اسۇ [et ɑsɤw] "煮肉"

宰羊剥皮后，人们将肉切成块，并清洗羊肠和羊胃。然后在四耳圆锅里倒入清水，放入羊头、羊胯骨肉、羊肋骨和羊尾巴等烧火炖煮，等肉快煮熟时撒入食盐，并将四块肥肉分别放置在圆锅的四耳上。哈萨克人认为四个锅耳分别代表牛、羊、马、骆驼四种牲畜，将肉块放在锅耳上寓意牲畜满圈、四畜兴旺。

8-9◆新源县城

8-8 ● 新源县城

قويدىڭ باسىن ٴۇيتۋ [qhojdʁŋ basʁn yjthiw] "燎羊头"

  羊头是哈萨克人用来招待宾客最为贵重的食物，因此在宰羊后，都会精心地燎烧羊头上的杂毛，然后用清水炖煮。燎烧羊头时，人们会找来一根长棍，用刀子将棍头削尖后插进羊头下部，放在点燃的柴火上反复燎烧。

8-10 ◆新源县城

ايتشىلاۋ [ajtʃɤlaw] "拜节"

古尔邦节时,男子宰羊煮肉后,会身穿节日盛装挨家逐户地登门拜访,互致祝福。这时主人会与客人热情地握手、拥抱,并用丰盛的饭食和奶香浓郁的马奶酒款待客人。

باس تاباق [bas thabaq] "头盘"

羊头是羊之首,具有头领、首领等文化含义,是哈萨克人招待宾客时最为贵重的食物。每逢古尔邦节、开斋节等重大节日,主人都会用煮熟的羊头来款待长辈、亲家、德高望重或身份尊贵的客人。

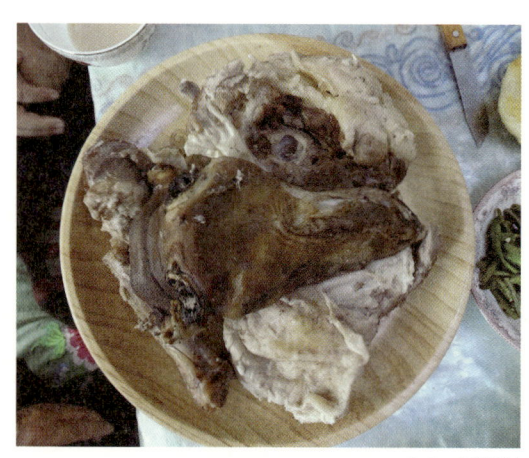

8-11 ◆新源县城

四 其他节日

8-13 ◆新源县城

ات مىنگىزىپ، تون كىيگىزۋ [at miŋɪzɪp thon khijgɪziw] "赠马披袍"

哈萨克人为德高望重、功勋卓著或有突出贡献的杰出人士披长袍的仪式。哈萨克族是一个尊重长者、仰慕英雄的民族,每逢有德高望重的人前来拜访,或部落中有人做出了卓越成就和贡献,人们都会聚集在一起举行盛大的庆祝仪式。在仪式上,人们热情地为杰出人士披上锦绣长袍、戴上礼帽,赠送高大健壮的骏马,并号召和鼓励人们以他为榜样,为国家和民族做出贡献,具有深刻的教育意义。

سوعىم [soʁɤm] "冬宰"

سوعىم سويۋ [soʁɤm sojɤw] "宰冬畜"

哈萨克族在寒冬来临前宰杀牲畜,储备过冬肉类的传统活动。"冬宰"一般在12月中旬举行,这时牛羊等牲畜膘肥体壮正适合宰杀,而寒冷的天气又便于存储肉类。如不及时宰杀,在寒冷和缺少牧草饲料的冬季,牛羊会消瘦掉膘。

8-12 ◆新源县城

千百年来，哈萨克人在漫长的游牧生活中创造了独具特色的草原文化，牧民们将丰富的生活经验和传奇故事提炼成凝练的语言，赋予鲜明的节奏与和谐的韵律，经人们口耳相传，不断完善，形成了丰富多彩的口头文化。哈萨克族口头文化形式多样，有简练形象的俗语谚语、真诚的巴塔祝福辞、富含哲理的民歌 [terme] 帖尔篾（又名无韵诗）、活泼生动的阿依特斯、舒缓轻柔的摇篮曲和歌颂英雄的传说故事等。具有语言凝练、抒情言志、想象丰富和音韵优美的特点，是一种来源于草原生活，却又高于生活的口头表达艺术，是哈萨克游牧文化中一朵靓丽的奇葩。

哈萨克族俗语谚语是牧民在牧业实践中总结生产、生活经验，凝练而成的一种短小易记的短句。哈萨克族的俗语谚语涉及气象、牧业、家庭、社会等多个方面，鲜明生动、言简意赅，流传深远。正如一句谚语"向群众学习，拜群众为师"中所说的那样，哈萨克俗语谚语来源于人民大众，却又为人民大众服务，向人们的日常生活提供经验指导，教化人心向善，具有教育意义。

"巴塔"在哈萨克语中意为"祝福辞"，语言简洁、精练，韵律和谐，短者四五行，长者不过二三十行。"致祝福辞"是哈萨克族祝福祈祷的一种特有的习俗，每逢节日、

玖·说唱表演

人生礼俗或宴会典礼时，都会邀请德高望重的长者或身份尊贵的宾客致以吉祥的祝福，众人需手心朝上两手抬至胸前，安静地聆听长者的祝福，是一种十分庄重和神圣的仪式。"祝福辞"种类较多，视不同的场合可以分为节日祝福辞、礼俗祝福辞、宴席祝福辞、用餐祝福辞、敬客祝福辞、亲家祝福辞等。

民歌，即为民众之歌，是人们结合实际的生产和生活，表达美好愿望、抒发内心情感的一种民众歌曲。"骏马和歌声是哈萨克族的两只翅膀"，歌声是哈萨克人在牧业生活中必不可少的艺术形式，哈萨克人在亲人欢快的歌声中降生，在人们悲伤的挽歌声中逝去，民歌好似一位忠实的朋友，伴随着哈萨克族从历史走向未来。

帖尔篾是一种单人弹唱的艺术表达形式，精通音律的艺人们撷取富含深刻哲理的谚语、格言以及名人的精华诗句为曲词，用冬不拉配以鲜明的节奏，在节日时向众人演唱出来，具有教化民众的积极作用。

哈萨克民间故事种类较多，有美丽动人的爱情故事，有聪明机智的智者故事，也有广为流传的英雄故事，以叙述的方式向人们娓娓道来。

一口彩禁忌

祝愿祝福辞

[eŋ   æweli   uzɣn   ʁumɣr   dʒas   ber:sɨn]
最   首先   长的   生命   岁数   给：祈使式3

一祝长命万寿，

[{ekhɨ-nʃi-den}   {ɣrɣjzɣq-thɣ}   as   ber:sɨn]
二者（<ekhɨ 二 -nʃi 序数缀 -den 从格） 有福的（<ɣrɣjzɣq 福分 -thɣ 形缀） 食物 给：祈使式3

二祝福星高照，

[{yʃ-inʃi-den}   ørkhen:ɨ   øs:khen   bas   ber:sɨn]
三者（<yʃ 三 -inʃi 序数缀 -den 从格） 枝芽：属人称3单 成长：形动 人口 给：祈使式3

三祝子孙绵茂，

[{thørth-inʃi-den}   bilim øn-er   es   ber:sɨn]
四者（<thørth 四 -inʃi 序数缀 -den 从格） 技艺生发：或然形动 头脑 给：祈使式3

四祝技精智湛，

[{bes-inʃi-den}   {abɣroj-lɣ}   bet   ber:sɨn]
五者（<bes 五 -inʃi 序数缀 -den 从格） 有威望的（<abɣroj 威望 -lɣ 形缀） 脸 给：祈使式3

五祝德望服众，

[{althɣ-nʃɣ-den}   dʒaw   dʒasqhan:ar   ses   ber:sɨn]
六者（<althɣ 六 -nʃɣ 序数缀 -den 从格） 敌人 畏惧：或然形动 威严 给：祈使式3

六祝威仪凛然，

[{dʒethɨ-nʃi-den}   {ese-theŋdik}   des   ber:sɨn]
七者（<dʒethɨ 七 -nʃi 序数缀 -den 从格） 平等（倍 - 平等） 谦让 给：祈使式3

七祝谦卑恭谨，

[{segiz-inʃi}] othɤr:athɤn taq ber:sɯn]
八者(<segiz 八 -inʃi) 坐:性质形动 宝座 给:祈使式3

八祝得偿宏愿，

[{thoʁɤzɤnʃɤ}] ʃeʃen thɯldɯ dʒaq ber:sɯn]
九者(<thoʁɤz 九 -ɤnʃɤ) 雄辩的 语言的 颌骨 给:祈使式3

九祝雄辩强据，

[onɤnʃɤ] khet:phes ɤrɤs-baq ber:sɯn]
第十(<on 九 -ɤnʃɤ) 离去:或然否定形动 幸运-福气 给:祈使式3

十祝福运携伴，

[on birinʃi ber:er bol:sa khøp:phen naq ber:sɯn]
十一者(<on bir 十一 -inʃi) 给:或然形动 是:假设式 多:助格 真的 给:祈使式3

十一者，若有所愿则与众人真诚祝愿，

[alla:dan ber:sɯn aq ber:sɯn]
真主:从格 赐予:祈使式3 美好 赐予:祈使式3

愿真主恩赐吉祥平安。

[suw:ɤmɤz syz:ɯl-me-sɯn]
水:属人称1复 过滤:被动态-否定-祈使式3

愿余等所饮之水源净澈，

[syjeg:ɯmɯz yz:ɯl-me-sɯn]
骨头:属人称1复 中断:被动态-否定-祈使式3

愿余等所续之血缘不断，

[ɯrge:mɯz bylɯn:be-sɯn]
房基:属人称1复 被破坏:否定-祈使式3

愿余等所居之房基不坏，

[ɤrɤs:ɤmɤz thøg:ɯl-me-sɯn]
财富:属人称1复 倒出:被动态-否定-祈使式3

愿余等所有之财富不散。

(叶尔克巴依·卡比江讲述，2018.5.27)

二 俗语谚语

1. [qhoj   egɨz   tuw:sa   ʃøp-tiŋ   bas:ɤ   ajɤr   ʃɤɤ:a-dɤ]
   羊   双胎   分娩:假设式   草:领格   头:属人称3   叉   出:将来时-谓人称3

   羊生双胎，草茂盛。（每个生命都有属于他的命运和食物。喻指苍天不会辜负每个生命。）

2. [bir   thylik:khe   baj   bol:ʁanʃa   ær   thylik:khe   saj   bol]
   一   牲畜:向格   富有的   成为:时限副动   各种   牲畜:向格   准备好的   成为

   与其一畜多，不如四畜全。（比喻鸡蛋不能放在一个篮子里，喻指不要把所有的资本都投入到一件事情上，应该做多手准备。）

3. [eŋbekh   eth:se-ŋ   erin:be-j   toj:adɤ]
   劳动   做:假设式-谓人称2普单   偷懒:否定-状态副动   吃饱:将来时

   qarɤn:ɤŋ   thile:n-be-j]
   肚子:谓人称2普单   乞求:自负态-否定-状态副动

   干活儿不偷懒，饱暖不求人。（喻指自力更生，丰衣足食。比喻只有不畏辛苦辛勤劳动，才能创造出幸福生活。）

4. [mal:dɤ   baqh:qhan-ʁa   baqh:thɤr   othth:ɤ   dʒaqh:qhan-ʁa   dʒaqh-thɤr]
   牲畜:宾格   喂养:经状形动-向格   喂养:使动态   火:宾格   烧:经状形动-向格   燃烧:使动态

   牲畜让会放的人去放，灶火让会烧的人去烧。（比喻使每个人充分发挥自己的才能，人尽其才。）

5. [aj:dɤŋ   dʒarɤm:ɤ   dʒarɤqh   dʒarɤm:ɤ   qharaŋʁɤ]
   月亮:领格   一半:属人称3   明亮   一半:属人称3   黑暗的

   月有亮暗圆缺。（在一个月中，月亮的上半边与下半边会交替明暗。比喻世事盛衰兴替，感叹世事变化无常，与汉语谚语"三十年河东，三十年河西"意思相同。）

6. [ɑκajɤn　　thatɤw　　bol:sa　　　at　khɵph,　ɑbɤsɤn　thatɤw　bol:sa　　as　　khɵph]
兄弟　　和睦的　　成为:假设式　马　多　　妯娌　　和睦　成为:假设式　饭食　多

兄弟和睦有马骑，妯娌和睦有饭吃。（比喻在一个家庭中，只有家庭成员相处和睦，日子才能过得更兴旺。）

7. [ajran　　iʃ:khen　　qhuthɤl:ɤp,　ʃelek　　dʒala:ʁan　　thuth:ɤl-ar]
酸奶　　喝:经状形动　逃脱:副动　桶　　舔:经状形动　　捉住:被动态-或然将来时

往往是喝酸奶的逃脱了，舔奶桶的被抓了。（比喻主犯逃脱而被捉的往往是倒霉的胁从者。）

8. [qharʁa　　bala:sɤ-n　　　　apphaʁ:ɤm　　　de:jdɪ,
乌鸦　　孩子:属人称3-宾格　洁白的:属人称1单　说:将来时

kɪrphɪ　　bala:sɤ-n　　　　dʒumsaʁ:ɤm　　　de:jdɪ]
刺猬　　孩子:属人称3-宾格　软的:属人称1单　说:一般将来时

乌鸦称吾儿白净净，刺猬道吾儿毛茸茸。（比喻孩子是自家的好。）

9. [balaphan　　uja:da　　ne:nɪ　　khɵr:se　　uʃ:qhan-da　　so:nɤ　　al:adɤ]
雏鸟　　巢:位格　什么:宾格　看见:假设式　飞:形动-位格　那个:宾格　拿:将来时

幼鸟在巢里见到什么，长大以后就捉什么。（比喻孩子在小的时候学什么，长大以后就会做什么。）

10. [bɪr　　qharɤn　　maj:ɤ　　bɪr　　qhumalaq　　ʃɪri:th-edɪ]
一　　羊肚袋　　黄油:宾格　一　　羊粪蛋　　腐烂:使动态-一般将来时

一个羊粪蛋坏了一羊肚酥油。（其义与汉语中的"一颗老鼠屎坏了一锅汤"意思相同。）

11. [adam　ala:sɤ　　iʃ:i-nde　　　　mal　ala:sɤ　　sɤrth:ɤ-nda]
人　　杂色:属人称3　里:属人称3-位格　牲畜　杂色:属人称3　外:属人称3-位格

人的花花肠子在肚里，牲畜的杂色花纹在外表。（意指人心隔肚皮，知人知面不知心。）

12. [æphekhe:si-nɪŋ　　khɪj:gen　　thon:ɤ-n　　　sɪŋli:sɪ　　　de　　khɪj:er]
姐姐:属人称3-领格　穿:经状形动　皮袄:属人称3-宾格　妹妹:属人称3　也　穿:或然将来时

姐姐穿过的皮袄，妹妹也会穿。（比喻前人经历过的事情，后人也要经历。）

13. [qhajda	bar:saŋ	da	qhazan:nɤŋ	qhulaʁ:ɤ	thørth]
    哪里	去:假设式-谓人称2普单	也	锅:领格	耳朵:属人称3	四个

    天下的锅都有四个锅耳。（哈萨克人所用的炊锅上都有四个锅耳，以此来比喻哪里都一样，天下乌鸦一般黑。）

14. [saqhal	thekhe:de	de	bar]
    胡子	公山羊:位格	也	有

    胡子山羊也有。（暗喻年纪大的人不要倚老卖老。）

15. [eki bas:ɤ	dʒudɤʁq:thaj,	ortha:sɤ	qhɤldɤʁq:thaj	(thutqhɤʃ)]
    二 头:属人称3	拳头:比似格	中部:属人称3	细绳:比似格	（锅耳垫）

    两端似拳，腰间细长。谜底：锅耳垫

16. [dʒaʁala-j - dʒaʁala-j	thas	qhoj:dɤ-m,
    沿着:副动 沿着:副动	石头	放:过去时-谓人称1单

    dʒijren	at:thɤ	bos	qhoj:dɤ:m	(ot)]
    棕红色的	马:宾格	无拘束的	放:过去时-谓人称1单	（火）

    围着圈儿砌石头，红鬃烈马放里头。谜底：垒灶点火

17. [betthe:s-khen	qhos	thabaq,	ortha:sɤ-nda	bas	thamaq]
    面向:交互态-经状形动	双	大盘	中间:属人称3-位格	主要的	饭

    [khijgiz:ben	ʃoq:qha	ora:sa,	dæm	phis:edi	thamaʃa	(thapha nan)]
    毡子:助格	红炭:向格	包裹:假设式	味道	熟:将来时	美好的	（塔巴馕）

    相对扣着一对盘，中间藏着顶级饭；借毡埋入红灰炭，烤熟美味人人盼。谜底：塔巴馕

    （叶尔克巴依·卡比江讲述，2018.5.27）

三 歌谣

1. 摇篮曲

[æj-æj　　　bøphe:m　　　　æj　　　bøphe:m]
嗳嗳（感叹词） 小宝贝：属人称1单　　嗳　　小宝贝：属人称1单

嗳呀，宝贝儿，我的小宝贝儿，

[æj-æj　　　bøphe:m　　　　æj　　　bøphe:m]
嗳嗳（感叹词） 小宝贝：属人称1单　　嗳　　小宝贝：属人称1单

嗳呀，宝贝儿，我的小宝贝儿，

[æn　ajth:ajʁn　　　bal　　　bøphe:m]
歌　　唱：祈使式1单　　蜂蜜　　小宝贝：属人称1单

我来歌唱，甜蜜的小宝贝儿。

[æn　thʏŋda:ʁʏ-ŋ　　　khel}:se　　　eger]
歌　　听：愿望缀－属人称2单普　　来：假设式　　如果

你要是想听，

[dʒæne　　ajth:ajʁn　　dʒan　　khøkhe:m]
再　　　唱：祈使式1单　生命　　心肝儿：属人称1单

我还为你唱，我的心肝宝贝儿。

[bøphe:m　　　　me(n):niŋ　　　aj　　me　　ekhen]
小宝贝：属人称1单　　我的：领格　　月亮　　吗　　盼知语气

宝贝儿，你是我的月亮吗？

[ʃekher　　me　　ekhen　　bal　　me　　ekhen]
白糖　　吗　　盼知语气　　蜂蜜　　吗　　盼知语气

是我的白糖抑或是蜂蜜吗？

[ojnaqthaːp　　　　　bɪr　　bæjgeːden]
欢跳：一般副动　　　　一个　　马赛：从格

你是马赛中那一匹欢跳奔腾，

[ozːɤp　　kheːer　　　thaj　　me　　ekhen]
超过：副动　来：或然形动　马驹　吗　盼知语气

脱颖夺冠的小马吗？！

[thas　　bulaqːthar　　thawːda　　ekhen]
石头　　泉：复数　　　山：位格　　后知语气

石缝小溪在高山上，

[dʒas　　qhuraqhːthar　　sajːda　　ekhen]
嫩的　芦苇：复数　　　峡谷：位格　　后知语气

鲜嫩小芦苇在峡谷中，

[khølbøŋ-khølbøŋ　　uʃːatʰɤn,　　khøbelekːther　　qhajda　　ekhen]
翩翩（摹拟词）　　飞舞：性质形动　蝴蝶：复数　　在哪里　盼知语气

翩翩起舞的蝴蝶在哪里？！

[qhara　　qharʁa　　qharːda　　ekhen]
黑的　　乌鸦　　　雪：位格　　后知语气

寒鸦行在雪地中，

[dʒaphalaqːthar　　dʒarːda　　ekhen]
鸺：复数　　　　峭壁：位格　　后知语气

鹰鸺栖息峭壁上，

[balpʰaŋ-balpʰaŋ　　basːatʰɤn　　balaphanːdar　　qhajda　　ekhen]
蹒跚摇晃状（摹拟词）　迈步：性质形动　雏鸟：复数　　在哪里　盼知语气

蹒跚摇晃的小雏鸟，它们会在哪里？！

[æj-æj　　bøpheːm　　　　aj　　bøpheːm]
嗳嗳（感叹词）　小宝贝：属人称1单　　嗳　　小宝贝：属人称1单

嗳呀，宝贝儿，我的小宝贝儿，

[ujʁqtha:dɤ-ŋ　　　　　　　ba　　　bal　　bøphe:m]
睡:过去时-谓人称2普单　　　吗　　　蜂蜜　小宝贝:属人称1单

你睡着了吗？我的蜜糖小宝贝儿？

[alda:ʁan-ʁa　　　　khøn:etin　　　aŋqhaw bøphe　qhajda　ekhen]
欺骗:经状形动-向格　　顺从:性质形动　　天真的 小宝贝 在哪里 盼知语气

对哄骗都信以为真的小宝贝，你在哪里呀？！

在婴儿满一岁之前，哈萨克族母亲会将婴儿放在摇篮中，一边轻轻摇晃，一边唱起舒缓的摇篮曲，使孩子在轻缓优美的歌声中入睡。

（叶尔克巴依·卡比江唱，2018.5.27）

2. 劝嫁歌

[osʁ　　ømir:ge　　ɤlajɤq　　ot:thɤ　　dʒaʁ:ɤp　　dʒar　　dʒar]
此　　生命:向格　合适的　　火:宾格　点燃:副动　加尔　加尔

为此生点燃幸福的火焰，加尔－加尔（爱人啊，爱人），

[khel:edi　　　æne　eki　dʒas　thoph:thɤ　　dʒar:ɤp　　dʒar　　dʒar]
来:现状现在时　那　不　二　年轻人 人群:宾格　劈开:副动　加尔　加尔

来了，在那里，一对儿新人从人群中奔出，加尔－加尔，

[ylkhen:i　　　men　　awɤl:dɤŋ　　　dʒas:ɤ　　　　mun:da　　dʒar　　dʒar]
大:属人称3　　和　　村庄:领格　　年轻人:属人称3　这里:位格　加尔　加尔

村庄老少欢聚一堂，加尔－加尔，

[dʒas　　khelin:di　　khør:iw-ge　　asɤʁ:ɤw-da　　dʒar　　dʒar]
年轻的　媳妇:宾格　　见:名动-向格　着急:名动-位格　加尔　加尔

盼望一睹新娘的芳容，加尔－加尔，

[qhutthɤ　　bol:sɤn　　thoj:lar-ɤŋ　　　　　zamandas:thar　dʒar　　dʒar]
幸福的　　成为:祈使式3　婚礼:复数-属人称2普　同龄人:复数　加尔　加尔

小伙伴们哪，祝愿你们新婚幸福，加尔－加尔，

[dʒaŋalʁq:qha   dʒar   bol:ʁp   qhadam   tastha:r   dʒar   dʒar]
新事物:向格   爱人   成为:副动   步子   迈开:或然将来时   加尔   加尔

夫妇相随开启新的征程，加尔－加尔，

[birge attha:ʁan   bosaʁa   berik   bol:sʏn   dʒar   dʒar]
一起 跨过:经状形动   门框   坚固的   是:祈使式3   加尔   加尔

愿你们一同跨过的门框坚实稳固，加尔－加尔，

[yj:ler-iŋ-e   qhut-baqhʏt   khel:ip   qhon:sʏn   dʒar   dʒar]
家:复数－属人称2－向格   幸运－幸福   来:副动   栖息:祈使式3   加尔   加尔

愿好运与幸福降临到你们的家庭，加尔－加尔。

[khyn:dej   khyl:ip   khøkthem:gi   khøŋil:der-iŋ   dʒar   dʒar]
太阳:比似格   笑:副动   春天:形缀   心情:复数－属人称2普   加尔   加尔

愿你们的心情像春日一样笑意盈盈，加尔－加尔，

[qhʏzʁaldaq:thaj   qhulphʏr:sʏn   ømir:ler-iŋ   dʒar   dʒar]
郁金香:比似格   绽放:祈使式3   生命:复数－属人称2普   加尔   加尔

愿你们的生活似郁金香般绽放，加尔－加尔，

[thuw:ʁan   aj:daj   tholʏqsʏ:p   thol:ʏŋʏzdar   dʒar   dʒar]
出生:经状形动   月亮:比似格   丰满:副动   充盈:祈使式2尊复   加尔   加尔

愿你们如初升的圆月般圆圆满满，加尔－加尔，

[dʒaŋa   ømir:diŋ   dʒarʃʏsʏ   bol:ʏŋʏzdar   dʒar   dʒar]
新   生命:领格   宣言者:属人称3 成为:祈使式2尊复   加尔   加尔

愿你们携手开拓幸福的新生活，加尔－加尔。

[qhadam:dar-ʏŋ   eki   dʒas   qhutthʏ   bol:sʏn   dʒar   dʒar]
步子:复数－属人称2   二   年轻人   幸福的   成为:祈使式3   加尔   加尔

祝福两位新人幸福弥久，加尔－加尔，

[aq   othaw:dʏŋ   eŋse:si   mʏqthʏ bol:sʏn   dʒar   dʒar]
白的   婚房:领格   身躯:属人称3   结实的 成为:祈使式3   加尔   加尔

愿你们纯洁的新房坚实稳固，加尔－加尔，

[atha-ana:nʏŋ　　　　ymit:ɨ-n　　　　aqtha:ŋʏzdar　　　dʒar　　dʒar]
父亲母亲:领格　　　希望:属人称3-宾格　　不负:祈使式2敬复　　加尔　　加尔

愿你们不负父母期望，加尔－加尔，

[maχabbat:thʏ　　mæŋɨlik　　saqtha:ŋʏzdar　　dʒar　　dʒar]
爱情:宾格　　　　永远　　　保存:祈使式2敬复　　加尔　　加尔

呵护爱情地久天长！加尔－加尔。

"加尔－加尔"是哈萨克传统婚礼上十分具有民族特色的劝嫁歌，在新娘的出嫁仪式上，前来接亲的新郎及伴郎会向新娘高唱节奏欢快的"加尔－加尔"，以歌唱的形式告诉新娘男方家境富足，人们真诚善良，劝慰新娘安心出嫁。此外"加尔"在哈萨克语中指伴侣的意思，在每句歌词后重复唱两遍"加尔－加尔"意在提醒新娘从现在开始不再是姑娘，已经是有丈夫的人了。

（叶尔克巴依·卡比江演唱，2018.5.27）

四 戏曲

过去的时光

[taŋdʒarɤq   dʒoldɤ   ul:ɤ-nɤŋ   søz:i-ne   dʒaz-ɤl:ʁan   therme
唐加勒克   卓洛德   儿子:属人称3-领格   话:属人称3-向格   写:被动态:经状形动   帖尔篾

øt:khen   khyn]
过去:经状形动   日子

根据唐加勒克·卓洛德诗词所作之帖尔篾——《过去的时光》。

[qhoʃ   ajt:-a(dɤ)-mɤn   ɤrazɤ   bol   øt:khen   khyn:im]
再见   说:将来时-谓人称1单   满意   成为   过去:经状形动   日子:属人称1单

再见,满载着我记忆的无憾时光,

[thærbije   az da bol:sa   et:khen   khyn:im]
教育   虽少   做:经状形动   日子:属人称1单

毕竟多少受到教育的逝去时光。

[se(n):niŋ   kheŋ   qhuʃaq:ɤŋ-da   thuw:ɤp   øs:ip]
你:领格   宽的   怀抱:属人称2普单-位格   出生:副动   成长:副动

在你宽广的怀抱中出生成长,

[dʒol:ɤ-na   adamdɤq:thɤŋ   dʒet:khen   khyn:im]
路:属人称3-向格   人格:领格   到达:经状形动   日子:属人称1单

知晓事理得以成人的时光,

[bil:{e al-}-ma-j   qhadir:iŋ-di   balalɤq:phen]
知道:能动体-否定-副动   珍贵:属人称2普单-宾格   幼稚:助格

年少无知不懂珍惜的好时光,

[armanda aphʁl øth:ip khet:khen khyn:im]
懊悔地　　　匆忙地　度过：副动　　去：经历形动　日子：属人称1单

在懊悔声中逝去无奈的时光。

[sez:dir-me-j alda:p øth:ip khet:khen-iŋ-e]
感觉：使动态－否定－副动　欺骗：副动　度过：副动　去：经状形动－属人称2普单－向格

你悄逝欺我辜负韶华，

[sa:ʁan khøp ajt:athuʁʏn økphe:m bygin]
你：向格　许多的　说：性质形动　懊悔：属人称1单　今天

吾如泣如诉向你倾诉衷肠。

[qhoʃ de:w-ge sen:ge burʏn ʥara:ma-p(tʏ)-phʏn]
再见　说：名动－向格　你：向格　以前　合适：否定－后知过去时－谓人称1普单

之前未能向你说再见，

[qhawʏpsʏz dynije:ŋ-di arala:p(tʏ)-phʏn]
安全的　世界：属人称2普单－宾格　漫游：后知过去时－谓人称1普单

在你慈爱的世界里闲游徜徉。

[khel:genʃe osʏnʃa:ʁa qham-qhʏjal ʥoq]
来：时限副动　如此数值的：向格　忧愁－幻想　没有

我时至今日既无愁苦亦无幻想，

[arth:ʏm-a bir burʏl:ʏp qhara:ma(tʏ)-phʏn]
后面：属人称1普单－向格　一　转身：副动　看：后知过去时－谓人称1普单

竟未回首对往事有过展望。

[qhatar:dan xalʏq sʏjla:p orʏn ber:ip]
行列：从　人民　赠与：副动　位置　给：副动

民众礼遇赐我地位，

[ylkhen:ge ʥas bas:ʏm-dʏ baʁala:t-thʏ-ŋ]
大的：向格　年轻的　头：属人称1单－宾格　评价：使动态－一般过去时－谓人称2普单

你使长辈赋予后生我莫大声望。

[arthɤm-nan althɤ ʥɤl:daj iz:ge sal:ɤp]
后面：属人称1普单–从格　六　年：比似格　脚印：向格　装入：副动

　　六年来跟踪于我的身后，

[qhalajʃa ijt:ther-iŋ-dɨ abala:t-thɤ-ŋ]
何故　狗：复数–属人称2普单–宾格　狗吠：使动态–过去时–谓人称2普单

　　缘何使你的狗猎猎狂吠？

[sol yʃin arman:ɤm-dɤ ajt:{-qhɤm khel-}-{ip othɤr}-mɤn]
那　为　愿望：属人称1单–宾格　说：直述愿望式–现在进行时–谓人称1单

　　为此正欲诉说我的愿望，

[othɤr mɤna awɤz:ɤ-n aʃ:ɤp ala qhap:thɤŋ]
现在持续　这　口：属人称3–宾格　打开：副动　花色的　口袋：领格

　　为说亮话打开天窗。

[tajɤnʃa:ʁa ʥajdaq min:ip ʥarɤs:qhan khɨn]
牛犊：向格　光背的　骑：副动　竞赛：经状形动　日子

　　骑着光背牛犊互相比赛的时光，

[saz:ɤ-nda khøk ʃoqhɤ:nɤŋ alɤs:qan khɨn]
泥沼：属人称3–位格　青色的　山峰：领格　摔跤：经历形动　日子

　　青峰山下泥沼中摔跤角力的时光，

[øre:den irimʃik phen urda:p sɤqpha]
晾架：从格　奶酪　和　偷：副动　奶疙瘩

　　从晾架上偷食奶酪奶疙瘩，

[ʥota:da ʥoldas:tar-men tabɤs:qhan khɨn]
山梁：位格　同路人：复数–助格　相逢：经状形动　日子

　　在山梁上与小伙伴们相遇的时光。

[ʥalaŋ bas ʥalaŋ ajaq dal-dul bol:ɤp]
光着的　头　光着的　脚　破烂褴褛的　成为：副动

　　光头赤脚破衣烂衫，

[ar-ujat eʃtheme ʥoq namɤsːtan khyn]
廉耻　什么也　没有　尊严:从格　日子

无羞无耻无所谓尊严的时光。

[ʃirkhinːniŋ arzan-qhɤmbat narqhɤn bɨlːme-j]
赞叹:领格　　便宜-昂贵　　价格　　知道:否定-副动

咳，不知轻重不分贵贱，

[balaːsɤ-n khyjkhentajːdɤŋ baʁːɤs-qhan khyn]
孩子:属人称3-宾格　茶隼:领格　喂养:交互态-经历形动　日子

一同喂养茶隼雏鸟的时光。

[ʃaqhphɤːnɤŋ ekhi ʥaqːɤ-n ʥajlaːʁan khyn]
夏甫河:领格　二　方面:属人称3-宾格　居住:经历形动　日子

驻扎在夏甫河两岸的时光，

[yjret deːp taj-qhulɤnːdɤ bajlaːʁan khyn]
教　说:副动　小马:宾格　拴:经状形动　日子

拴住小马赖着大人让教骑马的时光。

[serphindɨ qhɤzɤl thɨlːdɨŋ qhurmethːɨ-nde]
弹性的　红的　舌头:领格　尊敬:属人称3-位格

有幸托红牙俐齿之福，

[ortaːdan orɤnːɤŋ-dɤ sajlaːʁan khyn]
中间:从格　位置:属人称2普单-宾格　准备:经状形动　日子

于民众中脱颖而出的时光。

[thisːɨŋ thøs thɨlːɨŋ balʁa khømej khørik]
牙齿:属人称2普单　铁砧　舌头:属人称2普单　锤头　喉咙　风箱

你齿砧舌锤喉为风箱，

[azɤwːdɤ almasːtaj qhɤ(ɤ)ːp qhajraːʁan khyn]
臼齿:宾格　金刚石:比似格　做:一般副动　磨:经历形动　日子

臼齿磨作金刚的时光。

[ʤorʁaːnʏŋ   basːɤ-n   bosːqha   qhojː{a ber}-ip]
走马:领格   头:属人称3-宾格   松的:向格   放:排扰体-副动

　　在走马背上信马由缰，

[æn   qhosːɤp   dombɤraːmen   sajraːʁan   khyn]
歌   加入:副动   冬不拉:助格   歌唱:经状形动   日子

　　奏响冬不拉引吭高歌的时光。

[ʁaʃɤq bo(l)ːɤp   dawɤsːɤm-a   khørːme-gen-der]
爱上:副动   声音:属人称1单-向格   尝试体:否定-经状形动-复数

　　未喜爱上我歌声的人们，

[ʃirkhinːdɨ   khørːse-k-ʃɨ   deːp   ojlaːʁan   khyn]
赞叹:宾格   见:假设式-谓人称1复-企望语助   说:副动   想:经状形动   日子

　　惦记着见识我才艺的时光。

[pha   ʃirkhin   bizːdiŋ   basːtan   osɤ   øtːkhen   khyn]
哇   啊呀   我们:领格   头:从格   这   经历:经状形动   日子

　　哇，我们经历的这些时光，

[qhalːdɤr-ma-j   khøɲilːder-i-n   dos   øtːkhen   khyn]
留下:使动态-否定-状态副动   心意:复数-属人称3-宾格   朋友   经历:经状形动   日子

　　没有让朋友失望的时光。

[qhadirlɨ   esɨl   elːim   kheleʃekːthe   qhoʃ   endɨ]
尊敬的   宝贵的   人们:属人称1单   将来:位格   再见   那么

　　再见，我深爱着的尊敬的人们，

[qhoʃ   aman   bol   qhoʃ   øtːkhen   khyn]
再见   平安   成为   再见   经历:经状形动   日子

　　再见，保重，再见，过去的时光!

[qhadirlɨ   esɨl   elːim   kheleʃekːthe   qhoʃ   endɨ]
尊敬的   宝贵的   人们:属人称1单   将来:位格   再见   那么

　　再见，我深爱着的尊敬的人们，

[qhoʃ	aman	bol	qhoʃ	øt:khen	khyn]
再见	平安	成为	再见	经历：经状形动	日子

再见，保重，再见，过去的时光！

帖尔篾，又名无韵诗或阿肯弹唱（诗人弹唱），是一种属于抒情诗范畴的哈萨克族传统诗歌体裁。帖尔篾的诗行并不固定，每行七至八个音节，其内容多以叙述往事、宣扬教育伦理、阐释人生哲理为题材，是一种不受格律、韵脚约束的自由诗歌形式。在演唱时，由阿肯诗人手持冬不拉端坐弹奏，按照一定的曲调吟诵弹唱。

（叶尔兰·穆哈特演唱，2017.8.9）

五 故事

老 人

[erthe:de	bɨr	ʃal	men	khemphɨr	bolːʏpthʏ]
早先：位格	一	老汉	和	老太婆	有：后知过去时

[olarːdʏŋ	yʃ	balaːsʏ	bes	eʃkiːsɨ	bar	ekhen]
他们：领格	三	孩子：属人称3	五	山羊：属人称3	有	后知语助

从前，有一对老头儿老太太，他们有三个孩子和五只山羊。

[bɨr khynɨ	ylkhen	balaːsʏ	basqha	dʒerːden	phajda	khæsip	qhʏlːʏw-ʁa	thalap etːip]
一天	大的	孩子：属人称3	其他的	地方：从格	利益	职业	做：名动–向格	要求：副动

[øzːɨ-ne	thijːgen	enʃɨ	eʃkiːsɨ-n	sojː{ʏp al}-ʏp]
自己：属人称3–向格	得到：经状形动	家产	山羊：属人称3–宾格	宰：掌控体–副动

[etːɨ-nen	khemphɨr	men	ʃalʁa	bɨr	thyjɨr	de	berːmes-then]
肉：属人称3–从格	老太婆	和	老汉	一	粒	也	给：否定形动–从格

[arqhalaːp	khetːɨptɨ]
背着：副动	走：后知过去时

[khelː{e dʒat}-sa	bɨr	ønerʃɨ	bajːdɨkɨ-ne	khelːedɨ]
来：持续体–当时偶得	一	手艺者	巴依：领属物–向格	来：过程过去时

[bul	bajːʁa	øner	yjrenːɨw-ge	ol	dʒɨgɨt	dʒaldaːn-ʏpthʏ]
这	巴依	技艺	学习：名动–向格	那	小伙子	雇佣：自负态–后知过去时

[ønerʃɨ	baj	bek	qhatthʏ	dʒawʏz	adam	ekhen]
手艺者	巴依	非常	冷酷的	残忍的	人	后知语助

[ol	dʒaldaːn-ʁan	dʒɨgɨtːɨ	bɨr	sandʏqːqha	salː{ʏp qhoj}-ʏp]
他	雇佣：自负态–经状形动	小伙子：宾格	一	箱子：向格	装：结果体–副动

[aʃːthan	ølːtir-ɨptɨ]
饥饿：从格	死：使动–后知过去时

有一天，大儿子要求去远方学一门手艺，他把分给他做家产的羊杀了，一片肉

都没给爹娘留就全都背着离开了。他到了一个手艺大财主家,给财主家打工学手艺。手艺大财主是一个凶狠贪婪的人,他将小伙子关进木箱中饿死了。

[yj:ɨ-nde　　　qhal:ʁan　　orthanʃʀ　bala:sʀ]
房子:属人称3-位格　留下:经状形动　中间的　孩子:属人称3

[bu　da　øner　yjren:bek-khe　thalap et:ip]
这　也　技艺　学习:目的形动-向格　要求:副动

[o　da　aʁa:sʀ-nʀŋ　　khet:khen　dʒol:ʀ-men　　khet:ip]
他　也　哥哥:属人称3-领格　去:经状形动　方式:属人称3-助格　去:副动

[o　da　ønerʃɨ　baj:ʁa　khel:ip　dʒalda:n-ʀpthʀ]
他　也　手艺者　巴依:向格　来:一般副动　雇佣:自负态-后知过去时

[ønerʃɨ　baj　o:nʀ　da　aʁaʃ sandʀq:ta　aʃ:than　øltir:ipti]
手艺者　巴依　他:宾格　也　木箱:位格　饥饿:从格　杀死:后知过去时

留在家里的二儿子也要出去学手艺,于是按照哥哥离去的方式离开家里,也来到了手艺大财主家做工,手艺大财主像饿死他哥哥一样,也把他装进木箱里饿死了。

[yʃinʃɨ　ul:ʀ　thazʃa　bala]
第三　儿子:属人称3　长秃疮的　孩子

[o　da　aʁa:lar-ʀ-ndaj　øz:ɨ-ne　tij:gen]
他　也　哥哥:复数-属人称3-比似格　自己:属人称3-向格　得到:经状形动

enʃɨ　eʃki:sɨ-n　　soj:{-ʀp al-}-ʀp]
家产　山羊:属人称3-宾格　宰:掌控体-副动

[dʒarthʀ　et:ɨ-n　ækhe-ʃeʃe:sɨ-ne　ber:ip]
一半　肉:属人称3-宾格　父亲-母亲:属人称3-向格　给:副动

[olar:dan　ruqsat　al:ʀp　arqhala:p　khet:ipti]
他们:从格　允许　拿:副动　背着:副动　离去:后知过去时

三儿子是一个头上长秃疮的小秃孩儿,他也像哥哥一样把分给他做家产的山羊杀了,但把一半的肉送给了父亲和母亲,得到父母的允许后,他背着剩下的肉离开了。

[khel:{e dʒat}-sa　bir　qhora　qhoj:ʁa　uʃʀra:pthʀ]
来:持续体-当时偶得　一　群　羊:向格　遇到:后知过去时

[bul qhora qhoj:dʁn qhojʃʁ-sʁ-na dʒolʁʁ:ʁp sura:sa]
这 群 羊：领格 牧羊人：属人称3-向格 相会：副动 询问：当时偶得

[bul qhoj:lar ønerʃi baj:diki ekhen]
这 羊：复数 手艺者 巴依：领属物 后知语助

[ol thazʃa:dan sura:jdʁ]
他 小秃孩儿：从格 询问：过程过去时

[bala:m qhajda bar:a-sʁŋ de:p]
孩子：属人称1单 哪里 去：将来时-谓人称2普单 说：副动

[thazʃa bala dʒawap ber:edɨ]
长秃疮的 孩子 回答 给：过程过去时

[øner yjren:ɨw-ge bar:a-mʁn de:p]
技艺 学习：名动-向格 去：将来时-谓人称1单 说：副动

[sonda ʃal thur:ʁp ajth:adʁ]
那时 老汉 停下来：副动 说：进程过去时

[bala:m ol søz:iŋ-dɨ bøthen eʃkim:ge ajt:pha de:p]
孩子：属人称1单 那 话：属人称2普单-宾格 陌生的 任何人：向格 说：否定 说：副动

[øz:iŋ-e øtirik ajt:pa]
自己：属人称2普单-向格 谎言 说：否定

[dʒat:qha (bøthen:der-ge) ʃʁn:ʁŋ-dʁ ajt:pha]
陌生的：向格 （陌生人：复数-向格） 真实的：属人称2普单-宾格 说：否定

[de:gen de:p]
说：经状形动（常言道） 说：一般副动

[so:dan soŋ bul bala ʃal:dʁŋ bul ajt:qhan:ʁ]
那：从格 之后 这 孩子 老汉：领格 这 说：经状形动-属人称3

[ras ekhen de:p ojla:p]
真的 后知语助 心说：副动 想：一般副动

[ønerʃi baj:ka bar:ʁpthʁ]
手艺者 巴依：向格 去：后知过去时

在路上，遇到了正在放羊的一个老头儿，从老头儿口中他得知这群羊是手艺大财主的。老头儿问小秃孩儿："你要去哪儿？""我要去学手艺。"小秃孩儿回答道。老头儿站起身来说道："孩子，不要把刚才的话向任何陌生人提起，常言道，不要对自己讲假话，也不要向陌生人说实话。"从那以后，小秃孩儿觉得放羊老头儿说的话有道理。他向手艺大财主的家走去。

[baj:dʏŋ   yj:i-ne   qhon:ʀp]
巴依：领格   房子：属人称3-向格   住宿：副动

[erthen   dʒyr:{-ejin de}-{p dʒat}-qhan-da]
明天   走：意愿式–持续体–经状形动–位格

[ønerʃi   baj   thazʃa:dan   sura:jdʏ]
手艺者   巴依   小秃孩儿：从格   询问：过程过去时

[bala:m   qhajda   bar:a-sʏŋ   dʒol:ʏŋ   bol:sʏn   de:p]
孩子：属人称1单 哪里   去：将来时–谓人称2普单   路：属人称2普单 有：祈使式3   说：副动

[thazʃa   bala   dʒawap   ber:edɨ]
长秃疮的   孩子   回答   给：进程过去时

[men   øz:iŋ-dej   er   bala:ʏ   dʒoq:qha]
我   自己：属人称2普单–比似格   男人   孩子：属人称3   没有：向格

[enʃiles   bala   bol:a-mʏn   de:p]
共同继承家产的   孩子   成为：将来时–谓人称1普单   说：副动

[son:da   ønerʃi   baj   ajth:adʏ]
那时   手艺者   巴依   说：过程过去时

[bala:m   sen   biz:diki-nde   qhal   maʁan   bala   bol]
孩子：属人称1单   你   我们：领属物–位格   留下   向我   孩子   做

[biz:diŋ   bir   aq   qhunan   qhoj:dʏ   soj:ʀp]
我们：领格   一   白的   三岁的   羊：宾格   宰：一般副动

[thoj   qhʏl:ʀp   asʏq   dʒilig:i-n   et:i-men]
宴席   做：副动   羊拐   腿骨：属人称3-宾格   肉：属人称3-助格

[øz-iŋ   dʒe:p   thoj]
自己   吃：副动   饱

[men   øz:im   dʒolawʃʏ   bar:a-mʏn   de:jdɨ   de]
我   自己：属人称1单   旅客   去：将来时–谓人称1普单   说：过程过去时   就

[øz:ɨ　　　　　dʒol:ɤ-na　　　　　　kheth:{-e ber}-edɨ]
自己：属人称3　路：属人称3-向格　　　去：排扰体–过程过去时

[thazʃa　　　bala]
长秃疮的　　孩子

[χoʃ　　ækhe　dʒaqsɤ　bol　de:p　yj:ɨ-ne　　　　　qhal:{-a ber-}-ɨpti]
再见　爹　　好的　　成为　说：副动　房子：属人称3-位格　留下：排扰体–后知过去时

　　　他在手艺大财主家里寄宿一夜，次日准备离开时，手艺大财主问道："孩子，你要到哪里去? 祝你一路顺风。""我是去给像您这样没有儿子的人家当儿子的。"小秃孩儿回答道。手艺大财主说："那你留在这儿做我的孩子吧，宰杀一只小公羊，举行宴会，吃羊胫骨的肉要吃饱，我要出去旅行了。"说着手艺财主上路离开了。"再见，爹，祝一路顺风!"小秃孩儿说道。

[bul　　onerʃɨ　　baj:dɤŋ　yj:ɨ-nde　　　　　　bir　qhɤz:ɤ　　　bar　ekhen]
这　　手艺者巴依：领格　房子：属人称3-位格　一　姑娘：属人称3　有　后知语助

[bul　thazʃa　　　bala:ʁa　　ajth:adɤ　　　aʁa]
这　长秃疮的　　孩子：向格　说：过程过去时　哥哥

[sen　asɤq　　dʒilik:then　　øz:iŋ　　　　　　dʒe:me-j]
你　羊拐　　腿骨：从格　　自己：属人称2普单　吃：否定–副动

[kherege:niŋ　　bas:ɤ-na　　　　　il:ip qhoj]
格围栅：领格　头：属人称3-向格　挂：结果体

[son:da bir　aq　thazɤ　khel:ip　　dʒilik:khe　　umthɤl:ar]
那时　一　白的　细犬　来：副动　　腿骨：向格　扑去：或然将来时

[sonda　sen　baltha:men　ol　thazɤ:nɤ　laqthɤr:ɤp　øltir　de:p]
那时　你　斧头：助格　那　猎狗：宾格　扔：副动　杀死　说：副动

[mu:nan　soŋ　thazʃa　　　bala　aq　qhunan　qhoj:dɤ　　soj:ɤp]
这：从格　之后　长秃疮的　孩子　白的　三岁的　羊：宾格　宰杀：副动

[thoj　qhɤl:ɤp　　khørʃi:ler-i-n　　　　　　　　　ʃaqhɤr:ɤp]
宴席　做：副动　邻居：复数–属人称3-宾格　请：副动

[asɤq　　dʒilig:i-n　　　　　　øz:ɨ　　　dʒe:me-j]
羊拐　　腿骨：属人称3-宾格　自己：属人称3　吃：否定–副动

[qhɤz:dɤŋ　　　　ajt:qhan:ɤ-n　　　　　　　　iste:p]
姑娘：领格　　　说：经状形动-属人称-兵格　　做：副动

[kherege:niŋ　　bas:ɤ-na　　　　　　　il:{-ip qhoj-}-ʁan-da]
格围栏：领格　　头：属人称3-向格　　　挂：结果体-经状形动-位格

[ajt:qhan:ɤ-ndaj　　　　　　　aq　　thazɤ　　　khel:ip]
说的：经状形动-属人称3-比似格　　白的　猎犬　　　来：副动

et:ti　　　　dʒilik:khe　　umthɤl:ʁan-da]
带肉的　　　腿骨：向格　　冲去：经状形动-位格

[thazʃa　　baltha:men　　dʒiber:{-ip qhal-}-ɤpthɤ]
小秃孩儿　斧头：助格　　投掷：伺机局面体-后知过去时

[biraq　　baltha:sɤ　　thazɤ:ʁa　　thij:me-j]
但是　　斧头：属人称3　猎狗：向格　触碰：否定-副动

[ijt　qhaʃ:ɤp　　qhuthɤl:ɤp　　khet:ipti]
狗　逃跑：副动　摆脱：副动　　去：后知过去时

于是小秃孩儿留在了手艺大财主家里，家里还有财主的独女。财主的女儿对他说："哥哥，你自己别吃羊胫骨的肉。你把羊胫骨挂到毡房木格栅的上面去时，会有一条白色的猎狗过来向肉扑去，那时你要扔过斧头去把猎狗杀死。"于是小秃孩儿宰杀了一只小公羊，摆席宴请了四邻，他按姑娘说的话，没有吃羊胫骨，当他正要把羊胫骨挂到木格栅上时，一条白色猎狗突然进来径直朝羊胫骨扑去，小秃孩儿赶紧把斧头扔了过去，却没有打中猎狗，猎狗逃脱了。

[ønerʃi　baj　　　yj:i-ne　　　　　　khel:gen　　　soŋ]
手艺者　巴依：领格　房子：属人称3-向格　来：经状形动　之后

[thazʃa　　bala:nɤŋ　　mundaj　　is:ther-di　　　　isthe:gen-i-n　　　　bil:ip]
长秃疮的　孩子：领格　这样的　事情：复数-宾格　做：经状形动-属人称3-宾格　知道：副动

[qhatthɤ　aʃɤw　et:ip]
非常　　生气　做：副动

[bul　ijt:ti　aʃ:than　øltir:{-ejin de-}-p　sandɤq:qha　sal:{ɤp qhoj}-ɤpthɤ]
这个　狗：宾格　饥饿：从格　杀死：动机体-副动　箱子：向格　装：结果体-后知过去时

[bul　baj:dɤŋ　　baʁanaʁɤ　　qhɤz:ɤ　　　æhe:si　　　dʒoq:tha]
这个　巴依：领格　刚才的　　女儿：属人称3　爹：属人称3　没有：位格

[sandɤq:ɤ-nɤŋ   thyb:i-n   thes:ip   thamaq   ber:ip]
箱子：属人称 3- 领格   底部：属人称 3- 宾格   穿孔：副动   饭   给：副动

[thazʃa:nɤ   thoj:dɤr-{-ɤp thur-}-ɤpthɤ]
小秃孩儿：宾格   吃饱：使动态 – 持续体 – 后知过去时

手艺大财主回到家后，知道了小秃孩儿的所作所为，他雷霆大怒："我要把这兔崽子饿死！"于是他把小秃孩儿装进了木箱中要饿死他。手艺大财主的女儿趁她爹不在的时候，在箱子的下面凿了一个洞，给他送饭吃，小秃孩儿才得以存活了下来。

[birneʃe   khyn:der   øt:khen   søŋ]
一些   日子：复数   过：经状形动   后

[thazʃa:nɤŋ   øz   ækhe:si   bala:lar-ɤ-n   izde:p   ʃɤq:ɤp]
小秃孩儿：领格   自己   爹：属人称 3   孩子：复数 – 属人称 3- 宾格   寻找：副动   出来：副动

[ønerʃi   baj:diki-ne   khel:ip   sura:jdɤ]
手艺者 巴依：领属物 – 向格   来：副动   询问：过去时

[bir   thazʃa   degen   bala:m   bar   edi
一   小秃孩儿   称：经状形动   孩子：属人称 1 单   有   过去时助

so:nɤ   khør:di-ŋiz   be   de:p]
那：宾格   见：过去式 – 谓人称 2 敬单   吗   说：副动

[ønerʃi   baj]
手艺者 巴依

[khør:gen-im   dʒoq   de:p   dʒawap   ber:edi]
见：经历形动   没有   说：副动   回答   给：进程过去时

[bular-dɤŋ   søjle:s-{-ip thur-}-ʁan   søz:der-i-n]
他们 – 领格   讲话：交互态 – 持续体 – 经状形动   话：复数 – 属人称 3- 宾格

[thazʃa   yj:de   sandɤq:tha   dʒath:ɤp   esiti:{-p dʒathɤr}   edi]
小秃孩儿   房子：位格   箱子：位格   躺：副动   听见：持续体   过去时助

[baj   ælgin:dej   de:gen-de]
巴依   那个：比似格   说：经状形动 – 位格

[thazʃa   ækhe   men   munda:mɤn   de:p]
小秃孩儿   爹   我   这里：谓人称 1 单   说：副动

[sandɤq   iʃ:i-nen   ajqhajla:pthɤ]
箱子   里：属人称3-从格   喊叫：后知过去时

[dawɤs:ɤ-men   bala:sɤ-n   thanɤ:p]
声音：属人称3-助格 孩子：谓人称3-宾格   认识：副动

[baj:dɤŋ   sandɤʁ:ɤn   ʃaʁ-{ɤp al}-ɤp]
巴依：领格   箱子：属人称3   拆：使动态-掌控体-副动

[thazʃa   men   ækhe:si   yj:i-ne   qhajth:ɤpthɤ]
小秃孩儿   和   爹：属人称3   家：属人称3-向格   回：后知过去时

几天之后，小秃孩儿的父亲出门寻找自己的孩子们，他来到手艺大财主家问道："您曾见到过一个长秃疮的孩子吗？""没有。"手艺大财主答道。小秃孩儿在房中的木箱里听到了他们的谈话，当大财主说出刚才的话时，小秃孩儿在箱子里大声叫喊道："爹，我在这儿！"父亲从声音里认出了孩子，他从木箱中救出了小秃孩儿，父子俩一块儿回家去了。

[thazʃa   dʒolaj   ækhe:si-ne   ajth:adɤ]
小秃孩儿   途中   爹：属人称3-向格   说：过程过去时

[ækhe   men   bir   qhara   qhunan   qhoj   bol:ajɤn]
爹   我   一   黑的   三岁的   羊   变成：祈使式1单

[mojɤn:ɤm-a   dʒip   thaʁ:ɤp]
脖子：属人称1单-向格   绳子   套：副动

[dʒethekthe:p   bar:ɤp   bazar:ʁa   dʒaqsɤ   baʁa:ʁa   sat]
牵：副动   去：副动   集市：向格   好   价钱：向格   卖

[biraq   dʒip:iŋ-di   al:{-ɤp qhal}   de:jdi]
但是   绳子：属人称2单-宾格   拿：局面体   说：进程过去时

[bala:sɤ   sol   dʒer:de   ajtqhan-ɤ-nʃa]
孩子：属人称3   那   地方：位格   说：经状形动-比拟缀

qhara   qhunan   qhoj   bol:adɤ]
黑的   三岁的   羊   变成：过程过去时

[ækhe:si   mojɤn:ɤ-na   dʒip   thaʁ:ɤp]
爹：属人称3   脖子：属人称3-向格   绳子   套：副动

[bazar:ʁa   aphar:ɤp   sath:ɤp]
集市：向格   带去：副动   卖：副动

[aqʃa:sɤ-n   al:ɤp   yj:i-ne   qhajth:adɤ]
钱：属人称3-宾格 拿：副动   家：属人称3-向格 回：过程过去时

路上，小秃孩儿对父亲说："爹，我要变成一只黑色小公羊，你在我的脖子上拴上绳子，牵着去集市上卖掉，但是要把绳子留下。"说话间，小秃孩儿变成了一只黑色的小公羊，父亲在他的脖子上系好绳子，牵到集市上卖掉，拿着钱回家去了。

[ertheŋ:i-nde   bala:sɤ   øz   qhalɤp:ɤ-na   thys:ip]
明天：属人称3-向格   孩子：属人称3   自己   样貌：属人称3-向格   进入：副动

[ækhe:sɨ:ne   ajth:a-dɤ]
爹：属人称3-向格   说：过程过去时

[ækhe   men   bɨr   qhara   dʒorʁa   at   bol:ajɤn]
爹   和   一   黑的   走马   马   变成：祈使式1单

[men:nɨ   bazar:ʁa   aphar:ɤp   sat   phul:ɤm-dɤ   al]
我：宾格   集市：向格   带去：副动   卖   钱：属人称1单-宾格   拿

[bɨraq   ʃɤlbɤr:ɤm-dɤ   al:{-ɤp qhal}   de:ptɨ]
但是   笼头绳：属人称1单-宾格   拿：局面体   说：后知过去时

[bala:sɤ   ajt:qhan-ɤ-nʃa   at   bol:ɤp]
孩子：属人称3   说：经状形动-属人称3-比拟缀   马   变成：副动

[ækhe:sɨ   bazar:ʁa   aphar:ɤp   sath:ɤp]
爹：属人称3   集市：向格   带去：副动   卖：副动

[ʃɤlbɤr:ɤ-n   al:ɤp   yj:i-ne   qhajt:thɤ]
笼头绳：属人称3-宾格 拿：副动   家：属人称3-向格 回：一般过去时

第二天，小秃孩儿恢复了原来的样貌，他对父亲说："爹，我要化作一匹黑色的走马，你把我牵到集市上卖了拿钱回来，但是要把牵马绳留下来。"说话间，小秃孩儿化作一匹马，父亲把它牵去集市上卖掉，拿着牵马绳回家了。

[ertheŋ:i-nde   bala:sɤ   thazʃa]
明天：属人称3-位格   孩子：属人称3   小秃孩儿

[thaʁɤ øz   qhalph:ɤ-na   thys:ip   yj:ɨ-ne   khel:ip]
再   自己   样貌：属人称3-向格   进入：副动   家：属人称3-性格   来：副动

[ækhe:sɨ:ne   ajth:adɤ]
爹：属人称3-向格   说：进程过去时

[ækhe men bir dʒez bujdalɤ nar thajlaq bol:ajɤn]
爹   我   一   黄铜   带牵鼻绳的   单峰   小骆驼   成为：祈使式1单

[sen men:nɨ bazar:ʁa aphar:ɤp sat pul:ɤm-dɤ al:ɤp biraq]
你   我：宾格   集市：向格   拿去：副动   卖   钱：属人称1单-宾格   拿：副动   但是

[bujda:m-dɤ   al:{-ɤp qhal-}-ɤp   yj:ge   qhajth:{-a ber-}   dejdi]
牵鼻绳：属人称1单-宾格   拿：局面体-副动   房子：向格   回：排扰体   说：过去时

过了一天，小秃孩儿又变回了原形，他回到家中，对父亲说："爹，我要变作一峰戴着黄铜鼻圈的单峰小骆驼，你把我牵到集市上卖掉并拿着钱回来，但是要把我的牵鼻绳带回家里来。"

[thazʃa   ajt:qhan:ɤ-nʃa   thajlaq   bolɤp]
小秃孩儿   说：经状形动-属人称3-比似缀   小骆驼   成为：副动

[ækhe:sɨ   bazarʁa   sath:{-ajɤn de-}:p   dʒethekthe:p   khel:e dʒat}-sa]
爹：属人称3   集市：向格   卖：意愿式：副动   牵：副动   来：持续将来时-当时偶得

[aldɤ-nan   bajaʁɤ   ønerʃi   baj   ʃɤq:ɤpthɤ]
前面：属人称3-从格   刚才的   手艺者   巴依   出现：后知过去时

[ol   ajth:adɤ   maʁan   mɤnaw   thajlaq:ɤŋ-dɤ   sat   de:p]
他   说：过程过去时   向我   这个   小骆驼：属人称2普单-宾格   卖   说：副动

[thazʃa:nɤŋ   ækhe:sɨ   ajth:ɤpthɤ   thajlaq:ɤm   bas:ɤ]
小秃孩儿：领格   爹：属人称3   说：后知过去时   小骆驼：属人称1单   头：属人称3

dʒyz   tɨllæ   de:p]
一百   金币   说：副动

[sol:da   ønerʃi   baj   bu:lar-dɤŋ   ajla:sɤ-n   bil:ip]
那：位格   手艺者   巴依   这：复数-领格   手法：属人称3-宾格   知道：副动

[dʒaman   oj:men   thajlaq:thɤ   dʒyz   tɨllæ:ʁa   sathɤp al:ɤpthɤ   da]
坏的   想法：助格   小骆驼：宾格   百   金币：向格   买：后知过去时   又

小秃孩儿当即变成一峰小骆驼，当父亲牵着它去集市时，手艺大财主出现在了眼前，"把这峰小骆驼卖给我。"财主说道。"我的骆驼每头价值一百金币。"小秃孩儿的父亲说道。那时，手艺大财主便看出了这其中的猫腻，他心怀诡计，就花了一百金币将小骆驼买了下来。

[yj:ɨ-ne]　　　　　　[dʒethekthe:p]　　　[khel:ip]
家:属人3-向格　　　牵:副动　　　　　　来:副动

[bajaʁɤ]　　　　　[qhɤz:ɤ-n]　　　　　　[ʃaqhɤr:{-ɤp al-}:ɤp]
之前的　　　　　　姑娘:属人称3-宾格　　叫:掌控体–副动

[mɤnaw　thajlaq:thɤ]　　ustha:{-j thur}　　de:pti　　　de]
这个　　小骆驼:宾格　　抓住:短暂持续体　说:后知过去时　又

[øz:ɨ]　　　　　yj:den　　　　phɤʃaq　　al:ɤp　　thajlaq:thɤ　　bawɤzda:{-jɤn de-}:p]
自己:属人称3　房子:从格　　刀子　　　拿:副动　小骆驼:宾格　　杀:意愿式–副动

[yj:ɨ-ne]　　　　　　　dʒɤgɨr:ip　　　khɨr:ipti]
房子:属人称3-向格　　跑:副动　　　　去:后知过去时

[qhɤz　　æxhe:sɨ-nɨŋ　　　　dʒaman　　nɨjet:ɨ-n　　　　　bɨl:ip]
姑娘　　爹:属人称3-领格　　坏的　　　心思:属人称3-宾格　知道:副动

[yj:den　　　bu　da　　phɤʃaq　al:a　　　ʃɤq:qhan　　ekhen]
房子:从格　这　也　　刀子　　拿:副动　出:经状形动　后知语助

[æxhe:sɨ　　yj:ge　　　　　kɨr:gen　　　　　khez:ɨ-nde]
爹:属人称3　房子:向格　　进:经状形动　　时刻:属人称3-位格

[thajlaq:thɤŋ　　bujda:sɤ-n　　　　　phɤʃaq:phen　　qhɤj:{-ɤp dʒɨber-}-ip]
小骆驼:领格　　牵鼻绳:属人称3-宾格　刀子:助格　　剪:迅捷体–副动

[bosa:th-ɤp　　　　　qhoj:{-a ber-}-ipti]
松开:使动态–副动　　释放:排扰体–后知过去时

　　他牵着小骆驼回到家，让女儿抓着牵鼻绳，他进门去拿刀，要割断小骆驼的脖子，说完就跑进了房子，小姑娘知道自己的父亲心肠恶毒，当她从房子里出来的时候早就顺便把刀子带出来了，趁着父亲进房取刀，她割断了牵鼻绳，把小骆驼放走了。

[ønerʃɨ　baj　　thur:{-a sal-}-ɤp　　　　yj:ɨ-nen　　　　　ʃɤq:ɤp]
手艺者 巴依　　站:当即启动体–副动　　家:属人称3-从格　出:副动

[qhaʃ:{-ɤp bar-}-{-a dʒat-}-qan	thajlaq:thɤ	khør:ip	qhuw:ɤpthɤ]
逃:离心体-持续体-经状形动	小骆驼:宾格	看见:副动	追赶:后知过去时

[thazʃa	sonda	thylki	bol:ɤp	qhaʃ:ɤpthɤ]
小秃孩儿	这时	狐狸	变成:副动	逃跑:后知过去时

[ønerʃi	baj	thazɤ	bol:ɤp	qhuw:ɤpthɤ]
手艺者	巴依	猎犬	变成:副动	追赶:后知过去时

[ønerʃi	baj	dʒeth:{-e ber-}-gen	khez:de]
手艺者	巴依	到达:启动体-经状形动	时刻:位格

[thazʃa	thylki:den	yjrek	bol:ɤp	uʃ:ɤpthɤ]
小秃孩儿	狐狸:从格	鸭	变成:副动	飞:后知过去时

[baj	onda	qharʃɤʁa	bol:ɤp	qhuw:ɤpthɤ]
巴依	那么	鹰隼	成为:副动	追赶:后知过去时

[bɨraz:dan	soŋ]
一点儿:从格	之后

[thazʃa	bala	thorʁaj	bol:ɤp	qhaʃ:ɤpthɤ]
长秃疮的	孩子	麻雀	变成:副动	逃跑:后知过去时

[onda	baj	qhɤrʁɤj	bol:ɤp	soŋ:ɤ-na	thys:ɨpti]
那时	巴依	食雀鹰	变成:副动	后:属人称3-向格	进入:后知过去时

[onan	soŋ	thazʃa	thorʁaj	qhalph:ɤ-nda]
那:从格	之后	小秃孩儿	麻雀	样貌:属人称3-位格

[ʃaŋɤraq:qha	uʃ:ɤp	khel:ip	qhon:{-ɤp othɤr-}-ʁan-da]
毡房顶圈架:向格	飞:副动	来:副动	落:持续体-经历形动-位格

[baj	qhɤrʁɤj	khel:ip	thaja:n-{-a ber-}-gen-de]
巴依	食雀鹰	来:副动	靠近:自负态-启动体-经状形动-位格

[thazʃa	qhorqh:ɤp]
小秃孩儿	害怕:副动

[ʃyberek	bol:ɤp	dʒer:ge	thys:ɨpti]
布片	变成:副动	地上:向格	坠落:后知过去时

[ønerʃi	baj	o	da	kisɨ	bol:ɤp]		
手艺者	巴依	他	也	人	变成:副动		

[ʃyberek:tɨ		qholːɤ-na		al:{-ajɤn de-}-gen-de]			
布片:宾格		手:属人称3-向格		拿:意愿式-经状动-位格			

[thazʃa		tharɤ		bol:ɤp		domala:pthɤ]	
小秃孩儿		粟米		变成:副动		翻滚:后知过去时	

[onda	ønerʃi	baj	thawɤq	bol:ɤp		ʃoqhɤ:{jɤn de-}-gen-de]	
那时	手艺者	巴依	鸡	变成:副动		啄:意愿式-经状动-位格	

[thazʃa		mɤsɤq		bol:ɤpthɤ		da]	
小秃孩儿		猫		变成:后知过去时		又	

[ønerʃi	baj:dɤŋ		dʒelkhe:sɨ-ne		min:{-ɨp al-}-ɤp	tisthe:p	thɤrna:p]
手艺者	巴依:领格		后颈:属人称3-向格		骑:掌控体-副动	咬:副动	抓挠:副动

[zorlɤq:phen		ønerʃi	baj:dɤ		øltir:ipti]		
暴力:助格		手艺者	巴依:宾格		杀死:后知过去时		

手艺大财主在房中站了一下，出来看到小骆驼正欲逃跑，便急忙追赶上去，小秃孩儿化身狐狸逃走，大财主就变成猎狗追赶，眼看大财主就要追上来，小秃孩儿变成鸭子飞走了，大财主就变作鹰隼依然紧追不舍。不一会儿，小秃孩儿又变化成麻雀，大财主便变身成食雀鹰追赶，当麻雀要落到毡房的天窗上时，食雀鹰追上前来，小秃孩儿惊慌失措，变成了一张布片落到了地上，于是大财主变回人形要捡起布片，小秃孩儿就地变成了一粒粟米滚开了，财主化身成鸡意欲啄食，小秃孩儿瞬间变作花猫扑将过来，狠狠地咬住了鸡脖子，小秃孩儿终于杀死了凶狠贪婪的手艺大财主。

[søjt:ip		ol:nɤŋ		qhɤz:ɤ-n		øz:ɨ	al:ɤp]
这样做:副动		他:领格		姑娘:属人称3-宾格		自己:属人称3	娶:副动

[barʃa	murath:ɤ-na		dʒet:ip	zor	baj	bol:ɤp	dæwren et:ipti]
所有的	理想:属人称3-向格		达到:副动	很大的	巴依	成为:副动	兴盛:后知过去时

此后，小秃孩儿得偿夙愿，娶大财主的女儿为妻，他成为一个仁慈的富翁，从此过上了幸福的生活。

（叶尔克巴依·卡比江讲述，2018.5.27）

调查手记

一、"流光容易把人抛,红了樱桃,绿了芭蕉"

蓦然回首,再次踏上新源的大地,已经相隔七年。七年前,我因实习支教第一次来到新源,来新源的路上,草原绵延起伏,雪峰巍然高耸,巩乃斯河滚滚西流,沿途壮美的风景令人陶醉,我第一次领略到新源的自然之美,如果说伊犁是"塞外江南",那么新源就是伊犁大地上的一颗耀眼夺目的明珠。抵达实习点后,热情的哈萨克族哥哥骑摩托车载我朝远处的毡房飞驰而去,在浓浓的暮色中,驱赶牛羊归圈的牧人、炊烟袅袅的毡房、夹杂着野花味道的牧草清香,烙下了我对哈萨克族牧民生活挥之不去的记忆,那时,我怀着忐忑不安的心情,第一次走入毡房,走进了哈萨克人的生活。牧民的生活恬淡却又处处充满惊喜,白天,我与哈萨克哥哥一起放牛、牧羊、打草,傍晚时分,哈萨克嫂子早已做好抓饭、手抓肉等美食来犒劳我们,一碗香气扑鼻的马奶酒下肚,顿时神清气爽、疲惫全消。夜晚,我躺在毡房中,欣赏披挂在毡房木杆上的彩色花带,透过天窗仰望浩瀚星宇,伴着远处传来的淙淙溪流声进入梦乡,这种与大自然如此贴近的生活体验,是我在钢筋混凝土筑成的楼房中从未感受过的。一个月的实习期并不算长,但哈萨克人的真诚与热情以及那蕴藏在平淡生活之中的深厚文化,给我留下了极为深刻的印象。2017年8月,我有幸跟随导师的脚步,重新来到新源做哈萨克文化的调查研究,我怀着激动的心情,渴望能再回到旧时居住的毡房,看看那朝思暮想的河流。但是历史的车轮滚滚向前,原来的毡房已成了砖房,原来的河流之上已建筑了水泥高架桥。是啊,新源,那拉提,在过去的七年里发生了翻天覆地的变化,昔日的草原小镇如今已是工厂聚集、高楼林立,现代化气息扑面而来,一派繁荣的景象,我记忆中的那个新源仿佛已渐渐遥远了。随着时代的快速变化,哈萨克族的一些传统文化正在逐步消逝,在调研过程中我们发现许多哈萨克族年轻人母语的使用和交际能力都出现了不同程度的下降和退化,对传统文化也已是不甚了解,我虽非哈萨克人,但却为此深感惋惜。语言是一个民族历史的沉淀和文化的标记,在信息化快速发展的今天,民族语言文化的传承与发展面临巨大的挑战,倘若一旦消失,便会造成不可挽回的损失。幸运的是,教育部及时启动了旨在保护和传承传统地域文化的民族语言文化典藏项目,能够加入到这支光荣的队伍中,为保护和记录哈萨克语言文化贡献一份力量,对此我倍感荣幸。

二、"雄关漫道真如铁,而今迈步从头越"

2017年年初,张定京教授承担了"中国语言文化典藏·新源哈萨克语"项目,当老师问我是否有意愿成为项目参与人时,年轻气盛的我一口应下,认为自己有过几次实习和调研的经历,做这样一个项目应该不在话下。但随后接踵而至的困难让我颇为慌乱。首先是词表的问题,哈萨克族是生活在我国西北地区的游牧民族,以从事畜牧业为主,与农业生活有着很大的差异,因此需要对语保中心下发的《中国方言文化典藏调查手册》进行哈萨克化,为此,张定京老师命我事先从《哈汉辞典》中尽可能地搜集和整理相关条目,并特意邀请穆合塔尔教授、叶里肯不拉、阿依江、阿依登等人前后耗费近三个月的时间逐个核对词条,我们放弃节假日休息,历经三次审核,初步确定了调查词表,为调研的顺利实施提供了可靠的依据。

2018年8月1日,调研团队一行6人先后抵达新源,在老师的积极联系下,我们的项目得到了新源县领导和文化广播影视局的大力支持,通过努尔太局长的推荐,我们最终遴选叶尔克巴依·卡比江先生作为项目主要发音人。叶尔克巴依先生出生于新源县则克台镇,伊犁师范学校专科毕业,未长期离开新源,略通汉语,曾在期刊杂志上公开发表文章50余篇,哈萨克文化知识十分渊博,为我们的调查研究工作提供了诸多有益的建议和帮助。确定发音

10-1 到坎苏牧场拍摄毡房

人选后,调研团队又花了两天时间会同叶尔克巴依先生逐条对调查词表进行了仔细的核对,旋即展开正式摄录工作。视频、音频的摄录是一项十分耗费心力的工作,需要团队成员与发音人密切合作,语保工程对质量要求十分严格,调研团队的每一个人都不敢有丝毫的懈怠。此外,调研期间既要完成摄录,又要进行实物拍照工作,时间紧迫,我们每个人都有很大的心理压力。在张老师的安排下,由叶里肯不拉、江力汗负责摄像,郭昊负责质量监督,而我则负责具体的录音及所有材料的整理工作。刚开始时发音人不熟悉流程,一个词可能会重录好几遍,导致团队成员十分沮丧,好在女孩儿们循循善诱,通过她们的耐心引导,发音人不再紧张,做到了发音自然,收放有度,甚至会主动纠正和要求重新摄录不合格的材料,终于令大家松了一口气。相对于这些可控的因素,我们更担心的是外部环境,因为哪怕一点噪音都有可能造成录音失败,这时李飞老师便成为我们的"保护神",为我们的摄录工作全程保驾护航。当空调漏水时她攀梯而上与维修工一起维修;当窗外有鸟叫时,她捡起长竿,顶着炎炎烈日驱赶鸟群;当房门外有人高声说话时,她索性搬一张凳子坐在门外,提醒来往人员保持安静,即便是牙痛导致腮帮肿成馒头一样高,依然兢兢业业,在所不辞。我们看在眼里,记在心上,对李老师的敬业精神发自内心地由衷敬佩。

由于时间紧、任务重，照片拍摄与词语摄录采用穿插进行的方式，丰富的词条内容给照片的实际拍摄带来了不小的难度。在实地调研正式展开之前，考虑到调研期间用车调度等问题，为更好地完成摄录工作，张老师亲自驱车3500公里从北京抵达新源。调研期间，为了拍摄实物照片和文化视频，张老师更是亲自开车带我们在新源县的乡镇中来回穿梭，几乎跑遍了每个乡镇的角角落落。8月的新源铄石流金、骄阳似火，我们几个年轻人坐在车内已然昏昏欲睡、疲惫不堪，而患有痛风和偏头疼、年逾六十的张老师却依然坚持不懈、毫无怨言，这种坚韧不拔、一往无前、执着追求的科研精神给我们上了生动的一课。清晰记得四年前老师还是满头黑发、精神矍铄，如今几年过去，老师却已经鬓发皆白，我为时光在老师身上留下的烙印而感伤，但更被老师那种焚膏继晷、皓首穷经、执着追求的学者精神深深折服。

在新源县，我们欣喜地发现，为了保护和传承哈萨克传统民族文化，此前有关部门已做了大量工作。目前新源县共建有四座规模较大、设施完善的哈萨克民族风俗博物馆和纪念馆，分别是哈萨克族非物质文化遗产展览馆（江苏省扬州市援建）、唐加勒克纪念馆、那拉提草原民俗文化博物馆和新源县第一中学博物馆，馆内收藏丰富、包罗万象，哈萨克民族传统建筑、器物、饮食、服饰等展览品一应俱全。在相关部门的支持下，我们得以进入馆内进行拍摄，获得了许多真实可靠的材料。在唐加勒克纪念馆，我们还有幸遇见了当代著名阿肯诗人加尔恒别克，新源县文广局为嘉奖他在国际阿依特斯比赛中荣获奖项，特意为他举办"披袍赠马礼"，全县的阿肯诗人自发地聚集在唐加勒克墓前，共同为这位新源的优秀诗人庆贺，场面热烈非凡。

文化典藏项目的调研内容涉及语言文化的方方面面，资料获取的难度很大，幸运的是，在当地哈萨克人的热情帮助下，我们的工作得以顺利开展。新源县一中的伊布拉音老师和十几名学生头顶烈日，在操场进行娱乐活动供我们拍摄；阿勒玛勒镇的库瓦尼西哥哥发动老人和孩子，全家动员协助我们拍摄擀毡活动；当我们在为拍摄人生礼俗等文化视频而一筹莫展时，阿依波塔热情邀请我们参加她的婚礼，使我们完成了哈萨克婚俗的摄录，哈萨克人的真诚与善良使我们深受感动。在调研过程中，哈萨克族灿烂的游牧文化也给我们留下了深刻的印象，醇香诱人的奶制品、精致华美的兽皮衣物、琳琅满目的手工艺品，无不体现出哈萨克人的聪明与智慧，使我们大开眼界。宰马是哈萨克婚礼中必不可少的环节，众人合力将马匹拉倒后，只见宰马师傅将马宰杀后剥皮分肉，手法娴熟，干净利落，不一会儿，香气扑鼻、热气腾腾的煮马肉和灌马肠就出现在我们面前，整个过程一气呵成，我们不禁目瞪口呆，啧啧称赞。

从目前来看，由政府部门组织的文化保护工作令人欣慰，但是在民间，哈萨克民族文化的传承仍面临着巨大的考验。随着哈萨克人走出草原，定居城镇，传统的毡房仿佛离人们的生活渐行渐远，传统毡房的构件，在哈萨克老人的口中如数家珍，但越来越多的年轻人却已经叫不出名字，而至于如何搭建毡房，则更是不甚了解。除此之外，传统的手工擀毡、印花毡等毛毡制作被机器所代替，编彩线苁苁草席、纺花带等技艺面临着失传的危险。传统文化是人们在历史发展中经验的积累，是一个民族智慧的结晶，如果任其湮没在时代发展的潮流中，必会造成不可挽回的损失。因此，在调研期间，我们竭尽全力地对哈萨克族的语言和文化做了较为全面的拍摄和记录工作。

三、"千淘万漉虽辛苦，吹尽狂沙始到金"

第一次调研为期二十天，在张老师的精心统筹和安排下，我们完成了大部分词语条目的录音和实物拍摄工作。2017年9月1日，适逢古尔邦节，我背上行囊，到新源采集哈萨克族节日的相关材料。抵达宾馆，已经是夜里11点，第二天一大早，我就赶到叶尔克巴依先生家中，老先生十分高兴地带着我采访院子中正在宰牲的人们，并耐心地向我解释古尔邦节的来源、眉心点羊血的习俗以及煮肉时在四个锅耳上放置四块肥肉的习俗，使我获益匪浅。随后又带着我走亲访友，每到一家，主人总会为我倒上一碗热气腾腾的奶茶，招呼我吃手抓肉、喝马奶酒，主人的热情与真诚让我感受到了家一般的温暖，我内心十分感动。从2009年算起，

10-2 在新源发音人亲属家中

在学习哈萨克语的八年时间中，我曾到过伊犁、阿勒泰、阿克塞以及哈萨克斯坦，时间会流逝，但各地哈萨克人热情好客、善良真诚的品格却从未改变过，哈萨克族，是一个值得我一生学习的民族。

9月20日，我重新赶赴新源，希望能在叶尔克巴依先生的帮助下补录一部分词语和说唱表演中的故事内容，但是由于老先生临时赶往伊宁市参加友人周年祭而作罢。这时阿依努尔老师正带领学生在新源县各地进行语言实习，于是在阿依努尔老师的帮助下，我入住到一个实习学生的家中，补充采集了一些材料。

10月3日，国庆节期间，在导师张定京教授的安排下，我与叶里肯不拉一同赶往新源县坎苏乡补充拍摄材料，期间拍摄了哈萨克转场、阿依特斯等材料。10月6日，叶里肯不拉因工作返回学校，我选择留在原地继续采集材料。多次往返新源县的经历使我意识到必须要下定决心尽力完成项目素材的拍摄工作，于是鼓足勇气，背着三脚架，脖子上挂着摄像机、照相机来回奔走在坎苏乡及其各个村落之间，唯恐遗漏了一点线索，给摄录工作造成遗憾。在陌生的环境中，我知道唯有厚起脸皮才能有所收获，凭着一张厚脸皮，我陆续完成了拍摄钉马掌、染羊毛、印花毡、大型赛马、哈萨克耳环礼、制作民族服装以及烧砖窑等工作。

本书自 2018 年 2 月中旬开始编写，至 6 月初完成，前后历时近四个月的时间。词条的编写工作是琐碎而且寂寞的，在撰写本书的四个月里，本人不敢懈怠，有时为了弄清楚一个词条要查阅大量的文献和资料，为此常常工作到深夜，但我想如果能够对哈萨克族文化的保护和记录做出一些努力，这些都是值得的。

感谢张定京教授让我参与本项目并负责撰写本册图书，使我有机会在实地的田野调查中得到锻炼，获得成长，并在书稿的撰写中积累了宝贵的经验。感谢阿依登、阿依江在书稿编写过程中提供的建议和帮助，感谢江力汗·金恩斯协助我转写阿依特斯对唱的部分内容。感谢我的妻子和父母对我工作的理解和支持。

由于本人学识有限，加之时间紧迫，本书中难免有错误和不妥之处，敬请读者批评指正。

吴 迪

参考文献

阿布德加列里·沃拉孜拜 2006 《哈萨克族服装服饰》，伊犁人民出版社。

保尔江·欧拉孜 2012 《哈萨克族手工艺文化》，新疆美术摄影出版社。

波拉提·科尔拜耶夫 2006 《哈萨克族建筑文化》，伊犁人民出版社。

复木斯 2009 《哈萨克服装文化》《哈萨克手工艺文化》《哈萨克毡房文化》，新疆美术摄影出版社。

卡哈尔·伊斯拉木江 2009 《哈萨克饮食文化》，新疆美术摄影出版社。

努尔别克·阿布肯主编 2005 《哈汉辞典》，民族出版社。

努尔兰·穆哈泰 2008 《哈萨克民间乐器集锦》，新疆科学技术出版社。

热依汗·艾合买提 2012 《哈萨克族饮食文化》，新疆美术摄影出版社。

涂苏别克·斯拉木胡力 2002 《哈萨克民俗大观》，新疆美术摄影出版社。

涂苏别克·斯拉木胡力 2009 《哈萨克民俗文化》，新疆科学技术出版社。

吾马尔汗 2009 《哈萨克风俗文化》，新疆美术摄影出版社。

耿世民 2005 《试论中国哈萨克语方言的划分》，《民族语文》第 5 期。

索引

1. 索引收录本书"壹"至"捌"部分的所有条目，按条目音序排列。"玖"里的内容不收入索引。
2. 每条索引后面的数字为条目所在正文的页码。

A

阿肯	237
阿依特斯	236
熬纳吾鲁孜粥	275

B

巴旦木	154
巴哈力蛋糕	155
掰手腕	224
百纳褥	96
拜节	280
板车	171
板摇铃	235
拌面	143
包裹遗体	266
包毡	31
包毡花带	28
包毡绳	30
包子	143
宝塔裙	126
刨子	179
壁毡	33
臂擀毡	191
编彩线芨芨草席	182
编皮鞭	201
编苇席	181
扁担	169
饼干	157
拨火棍	75
捕鹰夹	207

C

裁缝	185
彩钢瓦顶房	20
彩礼	245
菜窖	54
菜市场	223
餐布	102
餐具席	89
餐厅	36, 204
草垛	165
厕所	51

侧门	44	打羊拐	230
茶挂袋	106	大茶炉	69
茶具	221	大锅铁炉	68
茶炉	69	大灶锅	72
茶匙	88	带耳连杯	81
茶托盘	85	戴婚帽	248
铲子	74	戴鸦羽订亲	245
长案板	89	弹弓	207
长柄木勺	79	捣棍	76
长袍	120	地灶	67
长形木盆	84	叼羊	229
长桌	100	雕花木盘	85
唱劝嫁歌	253	雕花木柱	184
炒米	146	吊床	91
炒面	146	吊套	209
衬帽	131	叠式萨合畔	177
吃饭	218	顶圈架	25
出殡	266	顶毡	31
初乳	148	钉马掌	202
厨房	37	冬不拉	231
船形翘头床	92	冬宰	281
窗户	40	对扣烤铛	71
床毡	94	多口挂袋	107
瓷茶壶	73		
瓷碗	82	**E**	
刺绣	196	耳杯	81
催生肉	259	耳环礼	264
村庄	48		
		F	
D		反穿狗衫儿	262
搭丧棚	265	方形坐褥	97
搭毡房	61	方桌	101
褡裢	106	防风木桩	33
打草	165	房梁	39

纺锤	194	古尔邦节	277
纺花带	193	谷筛	174
放羊	211	谷舀	78
分线木刀	193	鼓	234
坟地	268	刮蹄刀	202
坟墓	269	挂逝者衣物	268
粪筐	170	锅耳垫	71
风带	26	果酱	157
风干肉	158		
风箱	74	**H**	
风雪帽	130	哈萨克象棋	225
风雨帽	131	夯墙石杵	59
封斋	276	绗花毡	33
		喝茶	221
G		合勒禾布孜	233
盖巾	133	贺生晚宴	261
盖面纱	252	黑腰带	125
干打垒房	19	黑皂	197
干果盘	86	黑走马	236
杆秤	205	红奶酪	148
赶集	222	晃铃	234
擀面杖	88	绘花纹	184
擀毡	189	婚帘	258
割礼	264	婚帘缝鸮羽	257
割玉米秸	164	和泥	60
格栅	27	火钳	74
弓	207	火石	68
弓琴	232		
公牛式拔河	225	**J**	
拱门	44	芨芨草大扫帚	104
钩针	196	芨芨草席	29
狗衫儿	116	集市馕坑	70
姑娘坎肩	118	挤马奶	168
姑娘追	229	加那扎仪式	266

架鹰手套	213	篱笆墙	43
嫁妆	246	里屋	34
尖领衬衫	116	立领衬衫	117
剪马鬃祭	267	连衣裙	126
剪羊毛	168	凉棚	37
饯特	147	凉亭	55
建房基	58	粮食箩筐	170
箭囊	206	两腿马绊	203
胶皮套鞋	134	燎羊头	279
脚箱	109	猎人	206
脚毡	32	临终饭	265
捷克曼	122	楼房	21
荆条篱笆	46	芦苇扫帚	105
净壶	105	露天厕所	50
敬酒	220	露天羊圈	52
九子棋	224	铝盆	87
铜锅	187	滤袋	87
聚餐	219		
卷毛絮	190	**M**	
		麻花油馃子	155
K		马鞍	199
开衩大帽	130	马鞍皮垫	199
开斋节	276	马鞍坐褥	198
坎肩	117	马鞭	200
克宰毡礼帽	129	马槽	110
客褥	95	马灯	107
哭嫁	250	马肚带	200
库房	52	马后鞦	198
		马嚼子	198
L		马颈肉	158
廊厅	35	马驹绳	45
垒墙脚	58	马笼头	198
垒土坯墙	59	马奶酒	147

马奶木桶	77	木锨	169
马奶皮囊	77	木制吊锅架	66
马奶桶	76	牧牛	208
马攀胸	199		
马蹄	235	**N**	
马蹄铁	203	纳吾鲁孜节	275
麦片	146	奶茶	152
麦粥	145	奶疙瘩晾架	174
毛掸子	106	奶皮	149
毛披巾	124	奶皮茶	153
毛皮坎肩	119	男式皮靴袜	135
毛皮褥	95	馕	142
门框	28	馕房	205
棉护臂	123	馕坑	70
面食模具	79	馕托	80
磨扇刃	186	内裙	125
莫合烟	156	泥土围墙	41
墨斗	178	年祭	269
木板桥	57	捻绳	201
木杵催生	259	念经	238
木房	19	鸟喙锛子	180
木锅盖	72	牛鞍	173
木匠	178	牛轭	172
木臼	80	牛圈	53
木刻	183	女士坎肩	118
木马镫	200	女式长袍	121
木奶盆	86	女式皮靴袜	135
木盆	104	女式头巾	133
木匙	87	女婿登门	246
木水枪	228		
木桶	75	**P**	
木陀螺	231	爬犁	172
木碗桶	84	牌坊	56

披巾	124	**S**	
皮袄皮裤	123	赛马	228
皮大衣	122	三足锅架	73
皮壶	79	馓子	156
皮囊	78	扇镰	173
皮手套	124	上房	34
皮套鞋	135	上梁	61
皮袜子	134	牲畜集市	223
皮窝子	134	石碾	174
皮靴	136	石磨	175
平顶	38	石头围墙	43
平房	18	食品店	204
评彩礼	244	食品箱	83
铺毛絮	190	饰带	28
		手搓毛绳	192
Q		手耙	194
七弦琴	233	手抓羊肉面	144
漆匠	185	手钻	179
漆木箱	108	兽皮圆帽	132
骑马礼	263	书架板	103
砌砖墙	60	梳辫	248
青年正装	119	熟毡	192
青贮饲料池	54	束鞭夹	200
曲橼	26	树枝篱笆	46
曲橼细花带	27	竖笛	233
曲木木马	180	摔跤	226
圈套	209	拴马桩	45
		双刃铁刮刨	179
R		双褶襞裙	127
染坊	195	水渠	43
染羊毛	194	说亲仪式	244
染印花毡	195	司仪	251
人字顶	39	送嫁	249

酥油	150	铁瓶	76
酸奶	148	铁錾子	179
酸奶疙瘩	151	铜盆	105
酸奶酪	150	头巾箍饰	134
酸奶羊尾肝	159	头盘	280
		驼毛袜	136
		驼毛围脖	125

T

台阶	40
抬把子	110
摊位	205
弹毛棍	189
弹羊毛	188
汤面	145
堂屋	35
搪瓷茶壶	73
糖果	154
陶碗	82
套马杆	177
套头巾	133
藤篮	111
踢毡	191
剃刀	184
条凳	103
跳房子	226
跳马	227
铁床铺	91
铁拐子	187
铁锅	71
铁架毡房	24
铁筷	89
铁狼夹	208
铁炉	68
铁马梳	176
铁皮箱	108

W

外套	120
碗柜	82
碗架	83
围裙	127
围毡	30
围毡绳	30
屋脊	38
武装带	137

X

锡桶	75
喜帖	257
喜童	251
下葬	267
鲜马奶	152
鲜奶油	149
镶银皮腰带	137
鸮羽兽皮圆帽	132
鸮羽圆帽	128
小刀	88
小凳子	102
小斧头	178
小木碗	81
小木匣	247
鞋匠	187

谢尔铁尔	232	药浴池	53
新娘进门	252	衣柜	109
新娘鹗羽高筒帽	249	银耳坠	137
行拜谢礼	254	银项牌	248
绣法	197	印记烙铁	176
绣花圆垫	86	鹰帽	212
绣花枕	97	鹰栖架	212
绣花枕头	247	鹰爪皮拴	213
旋转式萨合畔	177	迎亲	250
旋刀	180	油饼	143
学步礼	262	油馃子	142
埙	235	玉米除草培土车	171
熏马肠	159	玉米囤	55
询问性别	260	圆花帽	128
驯鹰	211	圆形绗花毡	96
驯鹰荡木	212	圆桌	101
驯鹰手	210	院门	42
驯鹰喂水管	213	熨斗	186

Y

Z

烟袋	222	宰冬畜	281
檐沟	41	宰哈勒扎羊	260
檐毡	32	宰牲	277
羊板粪	164	灶	67
羊槽	111	赠马披袍	281
羊角铃	235	铡刀	173
羊圈	51	窄巷	47
羊毛被	98	毡床铺	90
羊毛毽子	227	毡房	23
羊毛球	230	毡房地基	32
羊血点眉心	278	毡房框架	24
摇篮	94	毡房木门	29
摇篮礼	261	毡帽	129

毡篷	121	砖茶	153
毡筒	135	砖路	47
毡袜	136	砖砌房檐	40
毡制风帽	131	砖墙	42
笊篱	78	转场	166
罩被花单	99	走廊	36
支架鼓	234	族谱	239
致祝福辞	256	祖先画像	239
煮肉	278	座次	220
抓饭	144		

后记

《中国语言文化典藏·新源哈萨克语》是中国语言资源保护工程"语言方言文化调查·新疆新源哈萨克语"项目的最终成果之一，该项目于2017年5月正式立项，到2018年5月，全部摄录和整理工作最终完成，前后共历时一年的时间。首先感谢曹志耘教授和李锦芳教授的支持与信任，感谢他们对少数民族语言文化保护的关注，推荐我申报文化典藏项目，使我们有机会对哈萨克族语言文化的保护和传承做出一些努力。

项目由课题组实施。课题组成员，除本人外，有吴迪、叶里肯不拉·叶力努、李飞、穆合塔尔·阿布勒哈克，江力汗·金恩斯、郭昊是增补成员，此外，阿依登、阿依江也为项目提供了帮助。整个项目实施经历了项目申报、制订实施计划、确定调查点、联系当地政府部门、实地调查、材料整理、结项、书稿撰写、出版等环节。

哈萨克族是从事畜牧业的游牧民族，牧业生活与农业生活存在较大的差异，为了做好《调查词表》，我们进行了大量的工作。首先由吴迪从《哈汉辞典》中挑选了大量的备用词条，我和穆合塔尔教授、吴迪、叶里肯不拉·叶力努、阿依登、阿依江等人逐条核对，共耗时三个月，在此期间，课题组成员主动放弃节假日休息，历经三次审阅，最终将《调查词表》初稿确定下来，为实地调研活动的开展提供了可靠的依据，感谢课题组成员的辛勤付出和努力。叶里肯不拉·叶力努在确定调查点方面发挥了关键作用。

通过积极联系，我们的调查项目获得了新源政府部门的大力支持，多力坤县长亲自安排专人协助我们的工作，使我们的调研工作得以顺利开展，在此表示衷心的感谢。感谢新源县文化广播影视局负责人努尔太先生为我们提供的帮助，他长期从事文化工作，对新源县的哈萨克文化状况了如指掌，在调研过程中全程密切配合我们的工作，帮助我们联系摄录场地、遴选发音人、提供调查线索，为我们在新源的摄录工作打下了坚实的基础。感谢我们的主要发音人叶尔克巴依先生，他是新源本地人，知识渊博，热爱传统文化，曾在期刊杂志上公开发表文章50余篇，是一位不折不扣的民间哈萨克文化专家，不仅协助我们完成音视频资料的采集工作，还积极为我们介绍哈萨克族传统民俗，为我们的调研工作提供了诸多有益的建议。

在新源县调研期间，我们惊喜地发现当地文化部门此前已经对哈萨克文化的保护工作做了大量工作，目前在新源县共建有四座规模较大、设施完善的民族文化博物馆，馆藏展品种类丰富，涉及哈萨克族传统建筑、用具、服饰和手工艺品等，使我们获得了许多真实可用的照片素材。唐加勒克纪念馆的工作人员更是特地为我们卸下玻璃展柜，取出展品协助我们拍摄。新源县第一中学民俗博物馆的伊布拉音老师不仅热情仔细地为我们解释展品的名称和用途，还专门组织学生为我们表演哈萨克族传统娱乐活动，十几名师生顶着炎炎烈日，在操场上进行游戏供我们拍摄，使我们深受感动，在此一并致以真诚的谢意。

感谢吴迪为项目实施的全过程和本书的撰写工作付出的努力。在项目实施的一年时间中，吴迪更是先后多次独自赶赴新源县进行实地调研，为获取音视频及照片资料付出了很多努力，在此特地表示感谢。在项目的实施过程中，叶里肯不拉·叶力努为课题联络发音人、博物馆、拍摄实物照片等具体事项做了许多工作，在此一并表示感谢。感谢吴迪、叶里肯不拉·叶力努、江力汗·金恩斯和郭昊等课题组成员，在词条音视频的摄录过程中，吴迪负责录音及全部资料的统筹、整理工作，叶里肯不拉·叶力努和江力汗·金恩斯负责摄像，郭昊负责现场监督，几位年轻人密切合作、任劳任怨，在骄阳似火的夏日，他们在密不透风的录音棚中每天坚持摄录七八个小时，为语料的采集工作付出了辛勤的汗水，等调研快结束时，我们已经打造出一支富有经验和战斗力的摄录团队，几个不同民族的年轻人更是早已亲如一家，结下了深厚的友谊，对此我感到十分欣慰。

本书的出版过程中，有这样一段插曲，在编排的最后阶段，我们的作者因特殊原因出现了无法继续按要求工作的状况，无奈之下，我已决定放弃出版了。这时，本书的执行编委中央民族大学教授苗东霞同志，在自己承担着繁重的国家社科基金重大项目任务的情况下，毅然挺身而出，主动提出承担后续的一系列工作直至最终完成，为本书出版做出了拯救性的工作，令人感动不已。在此，特别向苗东霞教授致以崇高的敬意和最诚挚的感谢。

汪涵先生曾说："我们今天可以录到一个100岁的长沙人说话，而50年之后，却不可能录到一个150岁的长沙人说话。"这句话对哈萨克语言文化的保护而言同样适用。伴随着时代的发展，哈萨克人走出草原，定居城镇，开始从事多元行业，传统民族文化的传承与发展面临着诸多挑战。在调研中我们注意到，当下越来越多的哈萨克族年轻人对传统文化缺乏了解、知之甚少，甚至哈萨克语的使用和交际能力也出现了不同程度的下降与退化，对此我们深感遗憾之外，更感受到的是保护和记录哈萨克民族传统语言文化的迫切性。

本书并不是一部严格意义上的学术研究成果，但从文化传承的角度来看，却有着一定的价值和意义，文化典藏项目的每一张照片、每一个音视频片段都凝聚了课题组成员的汗水，都有可能成为记录哈萨克文化的珍贵资料。在时代发展的滚滚潮流中，我们与时间赛跑，希望通过摄像机、话筒和质朴的文字，呈现出一本集视频、音频和文字三位一体全方位记录和展示哈萨克语言文化的书籍，使读者能够领略到哈萨克民族文化的魅力，引起人们对传统地域文化的关注，唤起人们传承和保护传统文化的意识。

我们学识有限，本书虽经多次审核校对，错误、疏漏、缺憾之处在所难免，敬请有关专家和读者批评指正。

张定京

2022年10月10日于北京

图书在版编目（CIP）数据

中国语言文化典藏. 新源哈萨克语/曹志耘, 王莉宁, 李锦芳主编；
张定京, 吴迪, 叶里肯不拉·叶力努著. —北京：商务印书馆，2022
ISBN 978-7-100-21721-7

Ⅰ. ①中… Ⅱ. ①曹… ②王… ③李… ④张… ⑤吴… ⑥叶… Ⅲ. ①哈萨克语（中国少数民族语言）—研究 Ⅳ. ① H17

中国版本图书馆 CIP 数据核字（2022）第 173983 号

权利保留，侵权必究。

中国语言文化典藏·新源哈萨克语

曹志耘　王莉宁　李锦芳　主编
张定京　吴迪　叶里肯不拉·叶力努　著

商务印书馆出版
（北京王府井大街 36 号　邮政编码 100710）
商务印书馆发行
南京爱德印刷有限公司印刷
ISBN 978-7-100-21721-7

2022 年 12 月第 1 版
2022 年 12 月第 1 次印刷
开本：787×1092　1/16
印张：21½
定价：280.00 元

草原之最